本书系 2019 年教育部高校思想政治工作精品项目"青学社工：'校地＋专业'协同实践育人体系建设"、2022 年度国家社科基金项目"西南民族地区乡镇社会工作服务站的在地化发展模式研究"、2022 年度广西高等教育本科教学改革工程项目"基于 OBE 理念构建社会工作专业学生实务能力培养模式研究与实践"和 2023 年度广西高等教育本科教学改革工程项目"立足基层 校地共建：服务学习理念下《社区工作》课程教学探索与实践"等课题的研究成果。

社会治理视域下高校社会工作在地化实践探索

崔娟　张发钦　著

天津出版传媒集团

天津人民出版社

图书在版编目（ＣＩＰ）数据

社会治理视域下高校社会工作在地化实践探索 / 崔娟，张发钦著． -- 天津 ： 天津人民出版社，2023.9
ISBN 978-7-201-19801-9

Ⅰ．①社… Ⅱ．①崔… ②张… Ⅲ．①高等学校－社会工作－研究 Ⅳ．① G640

中国国家版本馆 CIP 数据核字（2023）第 174755 号

社会治理视域下高校社会工作在地化实践探索
SHEHUI ZHILI SHIYU XIA GAOXIAO SHEHUI GONGZUO ZAIDIHUA SHIJIAN TANSUO

出　　版	天津人民出版社
出 版 人	刘　庆
地　　址	天津市和平区西康路 35 号康岳大厦
邮政编码	300051
网购电话	（022）23332469
电子信箱	reader@tjrmcbs.com

责任编辑	章　赪
装帧设计	黑眼圈工作室

印　　刷	廊坊市海涛印刷有限公司
经　　销	新华书店
开　　本	787 毫米 ×1092 毫米　1/16
印　　张	13
字　　数	210 千字
版次印次	2023 年 9 月第 1 版　2023 年 9 月第 1 次印刷
定　　价	56.00 元

前　言

近年来，国家高度关注社会治理工作的精准、精细化发展。而共享社会治理这一社会建设总基调的提出，更是为推动我国社会治理的升级和社会工作发展指明了方向。2022 年，党的二十大对国家治理体系和治理现代化做出新的战略部署，提出要"健全共建共治共享的社会制度，提升社会治理效能"，强调要"建设人人有责、人人尽责、人人享有的社会治理共同体"。

社会工作专业是以实践为本的学科。它的发展是在政治、经济、文化和特定的背景下综合作用的产物。"社会工作参与基层治理"是富有中国特色的社会工作实务理论命题，本质上属于间接性（Indirect）服务方法与实践路径（童敏，2021），同时也是富有中国特色的社会工作行动路径。社会工作在地化（Localization）是社会工作者在服务地区了解当地人的生活习俗，熟知他们的背景，从当地人角度看待并解决问题，"重视被治理事务中当事人的参与，使他们有主体感与参与感"（高芙蓉，2021），将社会工作理念、价值观、工作技巧、模式与本土社会状况和情景结合，形成指导实践的社会工作本地化特色理论体系的过程。

因此，如何在"社会工作参与社会治理"中实现社会工作理论发展和社会工作实务提升，在实践探索中认知地方文化敏感性、学习地方性知识和整合社会资源，并在此基础上寻求社会工作理论和社会干预技术地方创新，非常有必要。

本书以广西科技大学社会工作专业发展与人才培养为基础，坚持理论与实践相统一，以社会治理为视域，对高校社会工作在地化研究与实践进行了有益探索，为社会工作服务基层社会治理和社会工作人才培养模式创新提供借鉴。

目　录

第一章　新时代我国社会治理相关政策、社会服务与研究动态

进入新时代以来，社会治理从单纯改善民生问题、推动社会建设，走向既促进社会稳定又激活社会活力的双重功能发挥。

第一节　新时代我国社会治理的相关政策

2012 年，党的十八大提出"要围绕构建中国特色社会主义社会管理体系，加快形成党委领导、政府负责、社会协同、公众参与、法治保障的社会管理体制"。这一表述首次提出要构建中国特色社会主义社会管理体系，并增加了社会管理的"法治保障"，表明社会管理要与法治相结合，形成了社会管理的"20 字方针"。同时，党的十八大将社会管理与民主并列为社会建设的重要内容，提出要把社会管理和社会建设统一起来，以"创新社会管理"来促进社会建设，提高社会管理的科学化水平，积极鼓励各类社会主体参与到社会管理中来。

2013 年 11 月，党的十八届三中全会通过了《中共中央全面深化改革若干重大问题的决定》，首次将"社会管理"转化为"社会治理"，并专列了一章部署创新社会治理体制。用"社会治理"来取代"社会管理"，代表着背后关于权力的属性、功能和运作方式以及国家与社会之间关系的重新构建。社会治理中的"治理"，意味着要彻底放弃基于计划体制而来的国家（政府）包办单干的思路，并将"社会治理"作为国家治理体系和治理能力现代化的重要内容（冯仕政，2017），实现了从"社会管理"到"社会治理"的理念新飞跃。此后，党的十八届四中全会又明确提出"提高社会治理法治化水平"。

2017 年，党的十九大提出"打造共建共治共享的社会治理格局"，在社会治理体制上，要求按"党委领导、政府负责、社会协同、公众参与、法治保障"的"20字方针"继续完善，并首次提出了社会治理"四化"，即提高社会治理社会化、法治化、智能化、专业化水平。2019 年 1 月，在中央政法工作会议上，习近平总书记提出要"打造人人有责、人人尽责的社会治理共同体"。2019 年 10 月，党的十九届四中全会提出"坚持和完善共建共治共享的社会治理制度"，明确提出了社会治理的"制度"建设。同时，将"民主协商""科技支撑"纳入社会治理体系，形成新"28 字方针"，并将"社会治理共同体"的意义丰富为人人有责、人人尽责、人人享有。2020 年 10 月，党的十九届五中全会则更加明确了社会治理的"安全"维度，提出"把安全发展贯彻国家发展各领域和全过程，防范和化解影响我国现代化进程的各种风险"。2021 年 4月，中共中央、国务院出台《关于加强基层治理体系和治理能力现代化建设的意见》，提出"以加强基层政权建设和健全基层群众自治制度为重点"。2022 年 10 月，党的二十大报告提出"完善社会治理体系，健全共建共治共享的社会治理制度，提升社会治理效能"。

自党的十八大以来，社会治理在党和政府的各类表述中越来越受到重视，社会治理的理念、重点、内容也越来越明确，社会治理在社会主义建设事业中正发挥着越来越重要的作用。

第二节 新时代我国社会治理的相关社会服务

一、健全基层城乡社区治理基本制度框架

2015年7月以来，民政部、中组部印发的《关于进一步开展社区减负工作的通知》，中共中央办公厅、国务院办公厅《关于加强城乡社区协商的意见》，以及中共中央、国务院《关于加强和完善城乡社区治理的意见》，成为党的十八大以来基层社会治理的三个标志性的社区政策文件（陈鹏，2018）。上述文件明确指出，城乡社区是社会治理的基本单元；完善社区治理体制，目标是把城乡社区建设为"和谐有序、绿色文明、创新包容、共建共享的幸福家园"。在具体措施上，上述文件要求各省（自治区、直辖市）按照条块结合、以块为主的原则，制定区县职能部门、街道办事处（乡镇政府）在社区治理方面的权责清单；依法厘清街道办事处（乡镇政府）和基层群众性自治组织的权责清单，明确基层群众性自治组织承担的社区工作事项清单以及协助政府的社区工作事项清单；社区工作事项之外的其他事项，街道办事处（乡镇政府）可通过向基层群众性自治组织等购买服务方式提供；同时，要求建立街道办事处（乡镇政府）和基层群众性自治组织履职履约双向评价机制。2022年第三季度民政统计数据显示，全国共有城乡社区约60.6万个，其中农村社区约48.9万个、城市社区约11.7万个。

二、加强推动政府职能在创新社会治理方面转变

近年来，政府在创新社会治理中发挥着重要作用，各级地方政府纷纷开展各类创新实验或试点。例如，2014年上海市取消了街道办事处的经济职能，将基层管理的重心全面转移至公共服务、公共管理与公共安全领域，推动城市治理精细化（李

友梅，2017）。2015 年 12 月，中共中央、国务院印发《关于深入推进城市执法体制改革改进城市管理工作的指导意见》，提出构建权责明确、服务为先、管理优化、执法规范、安全有序的城市管理体制，推动城市管理走向城市治理，促进城市运行高效有序。2017 年 2 月，中共中央办公厅、国务院办公厅印发《关于加强乡镇政府服务能力建设的意见》，要求把握现实基本公共服务均等化的发展方向，以增强乡镇干部宗旨为关键，以强化乡镇政府服务功能为重点，以优化服务资源配置为手段，以创新服务供给方式为途径，有效提升乡镇政府服务水平。2018 年 2 月，党的十九届三中全会做出了深化党和国家机构改革的决定，目标是"构建系统完备、科学规范、运行高效的党和国家机构职能体系，形成总揽全局、协调各方的党的领导体系，职责明确、依法行政的政府治理体系""全面提高国家治理能力和治理水平"，为创新社会治理明确了目标、指明了方向。2019 年 10 月，中共中央出台《关于坚持和完善中国特色社会主义制度、推进国家治理体系和治理能力现代化若干重大问题的决定》，提出"健全基层党组织领导的基层群众自治机制，在城乡社区治理、基层公共事务和公益事业中广泛实行群众自我管理、自我服务、自我教育、自我监督"。

三、积极引领各级各类社会组织健康发展

大力培育社会组织，激发社会活力是近年来中国社会治理模式转型中最引人注目的一条制度创新主线（李友梅，2017）。2013 年 9 月，国务院办公厅出台了《关于政府向社会力量购买服务的指导意见》；2015 年国务院办公厅转发了财政部、国家发展改革委、中国人民银行的《关于在公共服务领域推广政府和社会资本合作模式指导意见的通知》，改善了社会组织发展和参与社会治理的社会环境。在此基础上，地方政府以招投标、公益创投等形式，广泛购买社会组织服务项目。2015 年 9 月，中共中央办公厅印发了《关于加强社会组织党的建设工作的意见（试行）》，提出按照建设基层服务型党组织的要求，推进社会组织党的组织和党的工作的有效覆盖，开拓社会组织党组织和党员发挥作用的途径，发挥党在社会组织中的战斗堡垒与政治核心作用。2016 年 8 月，中共中央办公厅、国务院办公厅印发《关于改革社会组

织管理制度促进社会组织健康有序发展的意见》，在基本原则方面，提出"坚持党的领导""坚持改革创新""坚持放管并重""坚持积极稳妥推进"；在总体目标方面，提出"到2020年，统一登记、各司其职、协调配合、分级负责、依法监管的中国特色社会组织管理体制建立健全"，"政社分开、权责明确、依法自治的社会组织制度基本建立，结构合理、功能完善、竞争有序、诚信自律、充满活力的社会组织发展格局基本形成"。根据国家统计局数据，截至2021年12月，我国社会组织数量901870个，比2020年增加了7708个。

总而言之，自2012年党的十八大以来，以习近平同志为核心的党中央大胆探索、勇于实践，系统创新社会治理体系，全面提升社会治理能力，迎来了和谐稳定良治的大好局面（张翼，2018）。一是坚持党的领导。党代表最广大人民的根本利益，社会治理要充分发挥党总揽全局、协调各方的领导核心作用，牢牢把握党对社会治理的领导权。二是强调依法治理。注重将社会治理纳入法治化轨道，以法治方式、法治思维、法治精神来谋划和深化社会治理改革，将法治社会和法治国家、法治政府进行一体化建设，使得法治成为贯穿社会治理创新的基本主线（陈鹏，2018）。三是共建共治共享。社会治理走出原来政府全面包揽的局面，企事业单位、社会组织、城乡社区居民组织、社会公众等成为参与社会治理的力量。社会治理的广泛社会参与，有效降低了社会治理的行政成本，提高了社会治理效益。在实践过程中，社会治理的内容和重点也在不断发生变化，社会治理体系日臻完善。

第三节　关于国家－社会关系相关研究动态

随着"总体性社会"逐渐分化，社会组织逐渐成为社会治理的主体。国家与社会组织关系也不断变化，与此相关的理论研究与实践层面逐渐呈现出多元化特征。政社关系是社会科学研究领域的重要议题，也是社会治理的核心问题。基于本研究的需要，下文将对我国国家与社会组织关系的相关研究进行梳理。

一、以契约、自治、自愿为基础的市民社会关系

市民社会（Civil society）是最先流行的分析框架。戈登·怀特（White，1993）基于萧山社团实证研究，认为中国社团体现了"市民社会"萌芽，并提出了社团二重性问题。何包钢（1997）认为：中国政府依靠 NGO 实现社会控制，NGO 依靠政府权力实现自身的发展，国家与社会的边界清晰可见，是"半市民社会"。弗洛里克（B. Michael Frolic，1997）则通过"希望工程"等社团实证分析，指出中国基层社会出现国家领导的市民社会。

我国学者源于中国非营利组织与政府关系提出官民二重性。当代中国社团的产生来自成员自助、互助以及政府层面间接管理的共同需要，因而具有"半官半民"特征（王颖等人，1993），并在组织层面上通过业务主管部门和社团领导层实现官民联结（孙炳耀，1994）。现阶段我国社团的出现是由政府和民间共同推动的。社团选择在政府的主导下（俞可平，2002）是其成员在各种利益最大化考量下的理性选择（于晓虹、李姿姿，2001）。一些非营利社团，与政府资源存在不均衡转化，通过对政府非对称性依赖关系，呈现自身特征（徐宇珊，2008；孙立平，2002；任慧颖，2009）。基于权力关系，政府与社会组织在购买社会组织公共服务过程中出现"纵向一体化"现象（邓金霞，2012）。

此外，目前我国社会组织处于发育初期，与基层政府的权力重构处于一个逐步推进的进程（谢金林，2011）。政府购买公共服务对社会组织发展具有"双刃剑"功能。政社间需要建构"伙伴"关系的认知，强化以契约为核心的规则等（王浦劬，2015；汪圣，2018）。国家和社会的界限变得越来越模糊，呈现出"国家在社会中"（郁建兴、吴宇，2003）。

市民社会理论的一个基本视角是将国家和社会视为相互对抗的两个角色，对抗关系决定了社会整合的结构与政治秩序（顾昕，2004）。由于社会与国家的关系具有天然的相依性，社团在现实中具有自主性或准自主性。市民社会理论强调社会组织与政府之间的契约、自治和自愿，无法准确描述中国社会组织发展的现状。市民

社会部分假设以西方国家为基础，但是我国社会组织与政府的实际合作关系缺少契约等特征。

二、以授权、控制和垄断为核心的法团主义式关系

法团主义理论权威学者施密特（Schmitter，1974）认为，法团主义是以社团形式组织起来的民间社会利益同国家决策结构联系起来的制度。安戈和陈佩华（Unger & Chan A，1995）将社会组织定义为强势国家庇护下的利益中介，强调国家对社会组织的体制认可控制功能。"法团主义强调国家是影响利益构成和团体作用的决定性力量，应当寻求在利益团体和国家之间建立制度化的联系通道"（张静，1998；晋军、何江穗，2008；刘安，2009）。一些学者认为法团主义关系同样存在政府与中国社会组织之间。现阶段我国社团存在于政府主导型的先赋博弈制度之下（王诗宗、宋程成，2013）。"政府与我国工会、商会两类社团的关系属于国家法团主义"（安戈、陈佩华，1995）。改革开放后，国家对民间组织分类的双重管理体制，表现出较强的"法团主义"特征（康晓光，1999；彭勃，2009）。国家与非政府组织之间形成的是一种法团主义式关系（顾昕、王旭，2005），其与西方市民社会中的社会组织相比，是"形同质异"（沈原、孙五三，1999）。

一些研究者以一种折中的思路提出"国家领导的市民社会"，如"国家与第三部门的合作关系具有主导性。民间组织的主要财源来自国家，而国家则依赖于民间组织为社会提供各种的服务"（萨拉曼，1995）。我国学者认为，政府与非政府组织的互动关系分为"庇护性国家法团主义"和"层级性国家法团主义"两个亚模式（张钟汝、范明林等，2009）。综合市民社会与法团主义的互补分析，我国政府与社会组织关系可以分为"强控性国家法团主义关系、依附性国家法团主义关系、梯次性国家法团主义关系三个亚类型"（范明林，2010）。地方政府与社会组织的"新经纪机制"关系体现政府强大、社会薄弱治理现状下的国家法团主义在中国的实践（李妮，2016）。基于科技社团的实证调查，发现政府在与科技社团的权力关系中处于强势地位，并通过控制人事、财务等来体现权力控制（陈建国，2015）。同时，社团将自己"被行政化"作为一种行动策略，以在政府中谋求获得更多的资金、政

策等资源（郁建兴、吴宇，2003；刘祖云，2008）。

基于我国社会组织发展现状，法团主义的理论解释框架似乎更合适中国改革开放后的社会组织与政府的关系。在中国社会组织的成长过程中，绝大多数专业性社会组织是从国家体制中分离出来，或是由在国有部门中工作的专业人士组建的。这一社会组织基础是"政治社会"意义上较为严格界定的市民社会，存在着不受制于国家权力支配的社会组织；它们能够自我调节、自我维系，并能有效决定或影响国家政策方向（泰勒，1999）。由于我国社会组织相对比较弱小，在实际中不存在与国家抗衡的集团化的利益团体。

三、以控制、嵌入、吸纳为主的社会治理实践探索模式

随着我国现代化转型过程中政府与社会组织关系的变化，学者基于实践探索就社会治理提出新时期的政社关系模式，其中以"嵌入论"和"吸纳论"为代表。社会组织在政策、经济、权力上对政府有依赖，通过嵌入依附方式发展自己（王诗宗、宋程成，2013）。政府则关注社会服务组织被行政体制吸纳的本土困境（康晓光、韩恒，2005）。

我国学者将控制—嵌入性视角用于国内社会组织研究。政府与社会组织之间因政府的利益需求和被控制对象的挑战能力等形成"分类控制体系"（康晓光、韩恒，2005）。作为政治环境因素的国家通过对非营利组织的运行过程和逻辑进行植入性干预和调控，达到嵌入性控制的目的（刘鹏，2011）。政府通过直接介入社会组织的成立和运行，形成政府对社会控制的反向嵌入（管兵，2015）。在政府运用"嵌入式控制"的行动策略下，政府对社会组织的管理呈现出"控制的层级差异性"（吴月，2013）。政府和社会组织的关系由国家嵌入社会—"霸权能力增强"到社会嵌入国家—"组织能力增强"的双向嵌入国家向双向赋权转变（张紧跟，2014；纪莺莺，2016）。

从宏观看，社会组织的发展受制于国家的制度环境；从微观看，它的生存更嵌入于实际的地方环境中并被地方社会所吸纳（李国武、李璐，2011；朱建刚、陈安娜，2013）。社会组织与政府部门多重治理逻辑的非协同治理——策略性应对的双重机

制，展现了公共服务型社会组织在既有制度环境下策略性行动的复杂机制（黄晓春，2014）。有学者认为政府通过合作、协商等方式与市场、社会组织形成多元复合型治理模式（陈娟，2011）。

"行政吸纳社会"通过两个方面的核心机制——控制和替代，避免社会领域出现独立于政府的非营利组织（康晓光、韩恒，2008）。"行政吸纳社会"体现出政府对社会组织控制的弱化作用和博弈联结机制（唐文玉，2010）。"行政吸纳社会"还体现在政社权力关系上。基于政府与社会组织间权力有效分配的思路，从"整体化分散治理"视角开展社会治理（王栋，2016）。政府与社会组织间建立对称性互惠共生的合作关系是实现国家治理能力现代化的重要前提（刘志辉，2017）。社会组织的行动权力关系处于以政府为主导的多元制度生态环境中，社会组织表现为科层式、网络式等四种结构类型（蔡斯敏，2019）。

以控制、嵌入、吸纳为主的政社关系的实践探索模式，体现了我国现代化转型过程中政府与社会组织关系的变化，特别是呈现了发达地区的社会治理现象。当前中国国家行政治理体系极为强大、政府扶持培养政策有很大提升空间，全国社会组织在上述时代背景下获得了生存基础与发展空间。但是政府以项目为载体、"一事一议"的事本主义发展导向导致社会组织自主性生产长期停留于生存和技术层面，还需要从深层次着眼，思考社会组织与公共性、社会多元诉求之间的契合纽带（黄晓春，2014）。

综上所述，随着国家与社会关系不断变化，国家与社会关系的研究在理论与实践层面上呈现出多元化特征，表现为以契约、自治、自愿为基础的市民社会关系，以授权、控制和垄断为核心的法团主义式关系，以控制、嵌入、吸纳为主的社会治理实践探索模式等多个层面的理论和实践研究。

第二章　高校社会工作在地化实践：
理论、政策与问题

　　我国要在未来一段时间内通过高质量发展实现经济社会发展目标，要着力解决民生方面的问题。这就给以改善民生特别是困弱群体民生、促进社会和谐为目标的社会工作提出了新的要求。社会工作必须回应经济和社会发展提出的要求，秉持专业理念，扮演积极角色，在实现现代化的过程中发挥更加积极的作用（王思斌，2023）。党的二十大报告围绕完善社会体系提出："健全共建共治共享的社会治理制度，提升社会治理效能。在社会基层坚持和发展新时代'枫桥经验'。"新形势下基层社会治理现代化的关键在于基层民生保障、公共服务的精准化、人性化和专业化。许多基层矛盾的根源还是民生问题。现代社会工作需要把专业理念、方法，与加强党的基层阵地建设、密切联系群众有机结合起来，有机嵌入基层社会治理体系，从而为基层社会治理现代化探索出一条新路（陈军，2022）。

　　近年来，社会工作在主动参与乡村振兴、服务特殊困难群众、推进基层社会治理创新、增强基层民政力量等领域发挥的作用日益凸显。在这一过程中，高校的社会工作专业力量积极投身于社会工作，不断探索在地化的实践理论与实践方法，取得了积极成效。基于此，本章将简要论述社会工作"在地化"的理论位置，对新时代中国社会工作服务的政策进行梳理和概括，并进一步明确高校社会工作在地化实践的问题缘由。

第一节　社会工作"本土化"中的"在地化"问题

一、国际视域下社会工作"本土化"及其"在地化"问题

"社会工作"作为一种"舶来品"，自 20 世纪末再次引进中国以来，有关其理论构建、具体实践等领域的"本土化"的争论从未休止。党的十八大以来，中国特色社会主义进入新时代，社会工作迎来蓬勃发展的"黄金时代"，中国社会工作在学科专业建设、职业身份认同、专门行业确立与服务产业发展等相关方面不断取得进展，在社会建设领域发挥着积极作用。不过，随着社会工作与社会建设多领域深度融合，社会工作的理论和实践在中国本土情境的"水土不服"日益严重，"在地化"问题凸显。那么，如何从理论上理解"在地化"问题？这需要从"本土化"研究中寻求理论标的。

作为一项全球性事业，社会工作一直是被认为致力于实现社会正义、人类尊严和价值的专业助人活动。社会工作的核心目的是满足处于不利地位的弱势群体和处于危险之中的人群的需求。"社会工作"的概念兼具学科属性、职业属性，在一定意义上，也具有行业属性和产业属性，处于一个不断演变的过程。此外，社会工作的全球实践意味着社会工作在世界范围内所处情境具有高度复杂性和现实性，难以达成一致意见，"本土化"问题应运而生。社会工作的"本土化"作为关键议题被提出迄今已经近半个世纪，通过梳理文献，发现随着全球化、国际环境的持续变化，"本土化"的概念也在不断演变。关于社会工作"本土化"的国际文献可以追溯到 20 世纪 70 年代初。1971 年，联合国在进行的第五次国际社会工作培训调查时使用"本土化"（Indigenization）来指称美国社会工作范式对其他社会的不相称，强调特定国家的社会、

政治、文化和经济特征的重要性，并指出社会工作的本土化是一个从"输入"到"认证"的过程。这就意味着对西方社会工作话语的一种修正，以应对输入国独特的社会问题、需求、价值观、文化等。

溯源历史，随着 20 世纪后期西方后现代主义对现代性批判的加重，普世主义和理性主义被广泛批评，加上非洲、拉丁美洲、亚洲等发展中国家社会工作实践的日益深入，重新点燃了人们对根植于当地环境和传统的本土社会工作的兴趣。在社会工作实践中发现或重新发现的文化多样性和独特性引发一些学者和社会工作者质疑将西方社会工作实践模式应用于非西方环境的相关性和有效性。因此，许多学者呼吁促进社会工作实践的"本土化"。

根据肖基（A. Shawky，1972）的早期定义，"本土化"本质上是"调整引进的理念以适应当地需求"。这意味着一个过程，即西方的社会工作模式被移植到另一个环境中，进行一些修改以使该模式能够应用于不同的文化背景。之后，米奇利（1981）提出"专业帝国主义"（Professional imperialism）用来描述以西方模式为基础的社会工作被介绍到第三世界国家的方式。在其看来，殖民体系瓦解后，殖民主义和帝国主义并没有远去，而是采取了更加隐蔽的方式；这种"新帝国主义"（New imperialism）采取了各种形式（包括经济、技术和文化）向第三世界输出西方的思想、技术和制度，在所谓的"现代化"的中立幌子下，以一种更巧妙、更有效的方式建立一种新殖民主义，培育了新的依赖形式。这种依赖形式，在本质上就是当前流行的社会工作的主流范式（即英美范式）。米奇利批判了这种将西方社会工作范式直接复制应用于发展中国家的做法。在批判的基础上，米奇利（1981）将本土化定义为"适当"，并认为"专业的社会工作角色必须适合于不同国家的需求，而社会工作教育必须适合于社会工作实践的需求"。拉加布（Ibrahim A. Ragab，1982）强调需要确定在"当地制度中真正和真实的本源，这将用于指导社会工作以一种成熟的、相关的、原创的方式实现未来发展"，并且提出"土生化"（Authentization）作为"本土化"（Indigenization）的某种概念构成，意为社会工作实践变得更加"真实"；基于此，"根据一个特定国家的社会、文化、经济特点创造或建立一个国内的社会工作模式"。之后，沃顿和纳斯尔（Ronald G.Walton & Medhat M-Abo-El-Nasr，1988）写了一篇开创性的论文。在此文中，他们延续了拉加布关于"土生化"概念的运用，将"本土化"描述为一个涉及英美技术适应接受国政治和社会文化模式的三阶段的过程。考克斯（David Cox，1991）在提到亚太地区的情况时指出，出于与相关性和背景相关的原因，社会工作者有责任在每个国家建立一种与当地文化、政治、经济和社会现实相一致的模式，同时也希望能够保留那些赋予社会工作特性的核心原则。

20 世纪 90 年代末，随着"全球化"在全方位、多层次、各领域的不断深入，社会工作国际化、普遍化与社会工作"本土化"之间的争论不断加剧。不同国家尤其是发展中国家（非洲、亚太地区）的学者围绕"本土化"展开了广泛的、批判性的讨论。非洲学者奥塞 - 赫维迪（K.Osei-hwedie，1993）强调，由于殖民经验和西方现代化和经济增长理论的影响，非洲国家正面临着"不足危机"。这些因素导致了传统社会规范与西方社会福利进程的不匹配，导致了没有社会正义—社会公平的质的变化。社会工作在发展方面发挥着核心作用，但必须摆脱其外国特性，需要重新定义其中心、知识和价值基础。基于此，他强调，"本土化""应从内部开始"，利用当地文化和习俗作为知识、实践和发展的主要来源，因此社会工作实践"在文化上是适当的和相关的"。1996 年，他又强调本土化"意味着寻找新的方法或重新审视当地的想法、解决问题和提供服务的过程"。这包括"了解和阐明当地的本地资源、关系和解决问题的网络，以及潜在的思想、基本原理、哲学或价值"。尼玛加达和考格（Jayashree Nimmagadda & Charles D. Cowger，1999）使用"本土化"这个术语指代"西方社会工作框架 / 西方实践方法通过修改被移植到另一个环境并应用于不同环境的过程"。

进入 21 世纪，社会工作进入一个新的发展阶段，对于"本土化"的理解逐渐从对去殖民化 / 去西方化的批判转向以"文化"为中心的改良主义的话语范畴。"本土化"在一定意义上变得相对柔和，并且产生一些新含义。

文化是社会工作的核心要素。社会工作在本质上是一种文化构建，因而其必然被文化所决定。奥塞－赫维迪（K.Osei-Hwedie，2001）认为：作为实践基础的理论、价值观和哲学受到当地因素的影响；本土化强调文化维度，是一种跨文化的社会工作方法。格雷和梅尔（Gray & Mel，2005）认为，文化是本土化、普世化和帝国化过程的核心。伊普（Yip，2006）将本土化视为"是一个不断认识到本土化文化在社会工作实践中的重要性的过程"。在本土化过程中，跨文化理解极为重要。这体现在精神和宗教的相关性上。在非洲、拉丁美洲、亚太地区，文化与宗教的关系极为紧密。克雷纳维和格雷厄姆（Alean Al-Krenawi & John R. Graham，2001）分析了一个被称为文化中介（Cultural Mediator）的示范项目。这个项目使得社会工作者能够在阿拉伯社会进行有效的社会工作实践，与有较高地位和丰富社区传统知识的文化中介人合作，使得社会工作的干预措施在文化上更为恰当。基（Kee，2004）指出，研究作为知识构建的工具，也是由文化决定的。易卜拉希马和马泰尼（Aissetu Barry Ibrahima & Mark A. Mattaini，2019）在考察非洲社会工作时强调"非殖民化的社会工作需要变得真实，回归自己的文化根源来寻找方向"。马布维拉（Vincent Mabvurira，2020）针对非洲社会工作实践问题进行分析，指出：如果非洲社会工作要去殖民化，社会工作者应该理解和尊重非洲的信仰和实践。因为在非洲民众中间，物质和神圣之间没有明确的区分。以非洲为中心的社会工作应该建立在传统帮助系统的基础上，改进这些系统，并使之专业化。在本质上，这些系统在白人来到非洲大陆之前就已经存在了。

关于"本土化"的讨论与"全球化""普遍主义""文化相关性"等概念联系在了一起。在一定程度上，社会工作的本土化讨论从去殖民化 / 去西方化转向为社会工作专业及其实践的国际化 / 普遍化与本土化的争论。其关注的是特定情境下的社会工作模式与西方中心主义（特指英美范式）的社会工作模式的不对称权力结构的解释机制。研究者回顾文献发现，主流文献基本肯定"本土化"运动的合理性；除极少数学者外，绝大部分学者坚持的是反殖民 / 反帝国主义以及加强文化相关性改造的基本立场。

格雷（2004）分析在全球范围内推广社会工作的行动中涉及哪些争论和议题时指出"争论的关键是围绕社会工作的西化（Westernisation）、在地化（Localisation）和本土化（Indigenisation）问题的几个紧张关系"。

其一，全球化—在地化（Localisation）。该争论的焦点在于全球化与在地化间的对立趋势。全球化对社会工作实践产生了重大影响。多米内利（2010）将全球化重新定义为资本主义社会关系在个人生活、公共生活和职业实践中的嵌入。里昂（Karen Lyons）认为："全球化"是一个现实，影响着社会和其中的各个部分（尽管以不同的方式）；福利制度和社会工作者的实践受到全球化以及对其他区域影响的过程和效果的影响。事实上，对于社会工作来说，伴随着全球化而广泛传播的新自由主义、新管理主义使得社会工作实践掺杂着不自觉的意识形态。关于这个议题的争论，其实内嵌着一种反趋势，即全球化要求的是一种普遍化的解决方案，嵌套着普遍主义的价值观、知识和实务方法，而在地化要建立的是一种内生或者本土的社会工作实践形式，并且要在文化上达成适应。格雷（2008）根据社会工作的性质指出：社会工作作为一个不断强调人们经历的复杂性和多样性以及不同国家和背景下信仰和实践的巨大差异的职业，"同一性"的概念（表现在诸如普世价值、全球标准、国际定义以及具有全球应用的共同知识和技能基础等概念上）在本质上是一种矛盾。此外，全球化带来了资源、人口等要素的快速流动，不同要素的排列组合与组态积聚形成了"你中有我，我中有你"的基本格局。全球化—在地化这种相互牵引和排斥的趋势不仅出现在西方和其他地区（West-Rest）间，在西方话语体系内部也出现分歧。伊菲（Ife J.，2001）强调：不要把西方社会工作视为一个"同质的、单一的实体"，因为"西方"的含义非常模糊和泛化。这就意味着在很多时候西方社会工作模式内的"共识"也亟待商榷和语境化。若想在全球化与在地化间找到一种"共性"，那么这种"共性"只能是最低限度的一般性解释。对于这个议题，全世界的社会工作者需要寻找到一个更加兼具多元化和包容性的本体论框架。

其二，西方化（Westernisation）与本土化（Indigenisation）。争论的焦点是西方社会工作模式与第三世界或者发展中国家的相关性与适应性问题。在格雷和豪格（2004）看来，关于本土化的争论基于两个核心前提：一是社会工作是西方的发明，是现代性的产物。渐进式变化的概念符合这一范式。二是"本土化"在一定程度上是后现代的（豪格，2005），质疑"社会工作作为西方发明"的主导地位，并试图将其与当地文化、历史、政治、社会和经济发展联系起来（格雷，2004）。从理论本源出发，格雷（Gray，2008）认为："西方"社会工作根植于西方去传统化、世俗化、理性主义、文化帝国主义、殖民主义、渐进式发展等传统；在习惯上，指的是主要来自欧洲，特别是英国、美国的社会工作，并传播到非西方世界。从本质上讲，西方社会工作是一种文化构建；就第三世界国家而言，社会工作渗透着启蒙时期的意识形态。这种意识形态衍变成了帝国主义、殖民主义及其各种现代社会变体，如新殖民主义、新帝国主义，映射到社会工作本体，便是米奇利所提出的专业帝国主义。从发展中国家尤其是前殖民地国家来看，西方化与殖民化在本质上没有差异。马泰巴内（2020）指出，非洲社会工作在本质上是西方的殖民工具。他呼吁构建以非洲为中心的社会工作模式，将研究和工作实践植根本土，解决根植于非洲社会工作中的殖民主义，以及殖民主义对非洲社会结构及其固有的社会心理支持系统的破坏性影响。那么，对于非殖民地国家的发展中国家或第三世界国家来说，在本质上，本土化的目的不是为了构建一个非西方化的社会工作模式，而是构建契合主体性和适应情境的本土化 / 土生化社会工作模式。

总之，"在地化"问题寓于"本土化"问题之中，指的是社会工作的实践逻辑的具体化表达。

二、国内社会工作"本土化"及其"在地化"问题

我国的（专业）社会工作发轫于 20 世纪 80 年代。

在起步阶段，社会工作的概念含义、本土化问题、合法性问题、发展方向问题往往交织在一起。另外，由于社会工作是"舶来品"且引进时间较晚，因而渗透着国际上对本土化问题的相关认识。在现有文献中，围绕"本土化"的认识论展开的论题有两个，一个是"要不要"及与之紧密相连的"为什么"的问题，另一个是"是什么"的问题。

首先，专业社会工作进入中国"要不要"进行"本土化"？绝大部分研究者都认为专业社会工作进入中国必须要进行本土化改造。不过，也有学者提出了反对意见。夏学銮（1999）认为，社会工作在中国的命运取决于自身专业化的程度，在迈向专业化的道路上，"泛本土化"观念正在严重阻碍社会工作专业化发展。

当然，绝大部分学者坚持专业社会工作需要进行本土化的基本立场。在谈及原因时，基本观点是：社会工作是建立在独特的社会环境基础上的一门专业学科，在特定的历史时期由特定社会环境主导的社会阐述（Dominant discourses）在决定社会工作所要达到的理想后果、应用的知识和技术、持有的价值观念以及合适的组织安排上都发挥了重大作用（曾家达等，2001）。社会工作作为一种社会构建和 / 或文化

构建的论断在初期就被普遍接受。研究者普遍支持在发展社会工作及其实践的过程中制定一套适合自身的发展方案，以达到适应经济体制改革、政治体制改革、社会机制改革、文化形态变迁等特定情境之需要的目的。

其次，在达成需要"本土化"的普遍共识后，"本土化"的具体内涵是什么？在社会工作本体范畴仍然不确定的前提下，很多学者基于不同本体范畴就这一问题进行了讨论。一种相对整体性的认识是，"本土化"是产生于外国（或其他地区）的社会工作进入某一国家或地区发生变化的过程（王思斌，2001）。刘威（2011）认为：社会工作是现代性的产物。在西方中心主义的支配下，中国学界一直在西方与本土的二元对立语境中设想本土化路径，在西方先进性与本土落后性的对比中表达和寻求与国际接轨的愿景，在现代专业标准与传统助人习惯的优胜劣汰中择定服务对象和行业标准。他认为，中国社会工作最突出的问题不在于单向的"化"，不在于单向的整合和趋同，而是面对中国多种助人系统并存的悖论情境以及不同助人系统之间的交接、矛盾和互动。对此，他区分了专业至上主义与社会工作的殖民化、本土资源主义与社会工作的内卷化、社会中心主义与社会工作的民粹化等"三种主义"，进一步提出：中国社会工作的转型应该是一种持久的并存、拉锯和互动以及生产新型模式的混合，而不能简单理解为"目的先导"从一个类型转变成另一个类型。殷妙仲（2011）在对社会工作的专业性、科学性的讨论基础上，总结提出：本土化是本土与非本土事物的不同元素和成分的被采纳、结合和排斥的混合过程，"最终是要建立一个新的社会建构概念论述框架，去话语性地（Discursively）整合这功能性混合的新模式"。他强调，话语性框架必须为混合而成的本土化社会工作提供合理、有效的功能性解释。在本土化的问题性质上，他认为本土化是一种政治性的过程。因此，社会工作的话语性框架不是一个纯粹的学术的理性思辨或推测验证过程，而是一个充满争论、矛盾和妥协的过程。此外，卫小将（2012）通过对国内外相关文献的整理进一步说明了"何为本土化""为何本土化""如何本土化"三个基本问题，进而提出了一些方向性的思考。

进入新时代，"本土化"研究进入新的阶段，"在地化"被明确提出。卫小将把中国的"本土化"研究推展到"土生化"研究。由国际视角可知，"土生化"是"本土化"的进一步延伸。卫小将（2014）在回顾了国际社会工作发展路径的基础上，提出欧美国家"非专业化—专业化—高度专业化"与发展中国家"自我专业殖民化—
反专业帝国主义—本土化—土生化"等两种发展路径。他（2015）进一步分析认为，
本土化是反对"专业帝国主义"的一种探索，土生化是反思和推进本土化的重要策略。
在对中国社会工作本土化问题讨论时，卫小将（2014）认为："契合性"是社会工
作本土化的关键，中国社会工作本土化应更加深入讨论西方社会工作的各个元素与
中国本土现实的排异性。基于此，他提出"土生化"作为中国社会工作发展路径的
构想，即发展一种以本土为中心，与本土实际相契合的内生性社会工作。刘振（2018）
认为，中国社会工作应做到本土化与土生化的"融合"，实现一种文化自觉，从"连
接"到"自觉"，走向社会工作的"中国化"。

随着"本土化"研究进入一个新的阶段，"实践"作为"本土化"的本位观开始复归。
社会工作在本质上是一门实践性的专业，"实践性"是社会工作专业的核心特质（姚
进忠，2014）。这就意味着两个向度的内涵，一是社会工作的理论是基于实践生成
的理论；二是社会工作实践是理论指导下的实践。从这个角度说，坚持实践本位似
乎是不证自明的先验性的存在基础。然而，由于社会工作对于中国而言是一种舶来
品，在"教育先行"的影响下，"拿来主义"盛行，引进的、未经本土化的理论难
以有效指导本土情境的具体实践，形成了"两张皮"，在一定程度上造成社会工作
实务领域"去专业化"（吴越菲，2018）、"反理论"（文军、何威，2014）的倾向，
消解了社会工作的专业性，进而影响了政府、社会对社会工作专业的整体判断。

在这一背景下，"在地化"的实践研究逐步兴起，围绕"在地化"的诸多问题，
学界进行了进一步的讨论。高芙蓉（2022）基于"嵌入"的纲领性概念反思了社会
工作"在地化"过程中的"脱嵌"和"反嵌"的问题。不过，就目前而言，基于社
会工作在地化的实证研究仍然不足，围绕"在地化"的理论与实践研究亟待进一步
加强。也正是在这一背景下，本书尝试以高校社会工作参与社会治理的现实图景，
进一步推进社会工作"在地化"的实务研究。

第二节　有关发展社会工作服务的相关政策

中国特色社会主义进入新时代，社会建设进入新发展阶段，我国社会工作政策体系日益健全，基本公共服务体系以及体制机制更加完善，国家治理体系和治理能力现代化不断取得新进展，在实现全面建成小康社会的宏伟目标的基础上，正循序渐进扎实推进全体人民共同富裕。在新时代，中国社会工作的"政策窗口"更加丰富多元。

表 2-1　2012—2023 社会工作服务的"政策窗口"

时间	政策内容	对社会工作的影响
2012 年	11 月，民政部印发《民政部财政部关于政府购买社会工作服务的指导意见》（民发〔2012〕196 号）。同年，中央政府首次通过建立公共财政资助机制加强对社会工作服务组织的培育和扶持	首次对政府购买社会工作服务进行顶层制度设计，加快政府购买社会工作服务的进程，为专业社会工作发展获得财政的资金支持提供制度保障
2013 年	11 月，民政部、财政部下发《关于加快推进社区社会工作服务的意见》（民发〔2013〕178 号），将社区社会工作服务纳入政府购买服务范围，逐步加大财政投入力度，同时鼓励社会资金支持购买社区社会工作服务	推动、保障专业社会工作在社区建设、社区治理中的功能实现
2014 年	2 月，国务院颁布《社会救助暂行办法》（国务院令第 649 号），明确县级以上地方人民政府要发挥社会工作机构和社会工作者的作用，为社会救助对象提供社会融入、能力提升和心理疏导等专业服务	以行政法规的形式对专业社会工作的角色做出确证性安排
2014 年	4 月，民政部印发《民政部关于进一步加快推进民办社会工作服务机构发展的意见》（民发〔2014〕80 号）	为民办社会工作服务机构在创新社会治理方面发挥更大的作用创造了条件
2015 年	3 月，"社会工作"首次被写入政府工作报告。此后，2016 年、2017 年、2018 年连续被写入报告；2021 年又再次被写入报告	"社会工作"在顶层设计和战略规划上的意义不断被强调

续表

时间	政策内容	对社会工作的影响
2017 年	4 月，中共中央、国务院印发《中长期青年发展规划（2016—2025 年）》，明确提出实施青少年事务社会工作专业人才队伍建设工程，在共青团组织、青年服务组织和机构中引入、培养青少年事务社会工作专业人才	第一次以国家级战略形式将专业社会工作引入青少年工作领域
2017 年	7 月，民政部等多部门印发《关于在农村留守儿童关爱保护中发挥社会工作专业人才作用的指导意见》（民发〔2017〕126 号）	推动了社会工作专业人才在农村留守儿童关爱保护中发挥作用
2017 年	8 月，民政部、财政部、国务院扶贫办联合印发《民政部 财政部 国务院扶贫办关于支持社会工作专业力量参与脱贫攻坚的指导意见》（民发〔2017〕119 号）	对社会工作专业力量参与脱贫攻坚工作做出了系统性的制度安排
2018 年	9 月，民政部印发《"互联网＋社会组织（社会工作、志愿服务）"行动方案（2018—2020 年）》（民发〔2018〕115 号）	明确提出"互联网＋社会组织治理""互联网＋专业社会工作"，为专业社会工作在网络时代信息化建设做出部署安排
2019 年	5 月，中共中央办公厅印发《关于加强和改进城市基层党的建设工作的意见》	提出"采取向社会组织、市场主体、民办社工机构购买服务等方式，丰富社区服务供给，提升专业化服务水平"
2021 年	4 月，民政部办公厅印发《关于加快乡镇（街道）社工站建设的通知》	要发挥专业优势，突出社会工作特色专长，避免单纯承担事务性工作
2021 年	5 月，民政部印发《"十四五"民政事业发展规划》	完善现代社会工作制度，构建社会工作服务体系。建立村（社区）—街道（乡镇）—区（县）三级社会工作服务体系
2021 年	7 月，中共中央、国务院印发《关于加强基层治理体系和治理能力现代化建设的意见》	提出创新社区与社会组织、社会工作者、社区志愿者、社会慈善资源联动机制，推进基层智慧治理能力建设
2022 年	1 月，国务院办公厅印发《"十四五"城乡社区服务体系建设规划》	推动社区与社会组织、社会工作者、社区志愿者、社区公益慈善资源联动开展服务，同时提出要开展社区社会工作服务行动

续表

时间	政策内容	对社会工作的影响
2022 年	2 月，中共中央、国务院印发《关于做好 2022 年全面推进乡村振兴重点工作的意见》	要加强乡镇便民服务和社会工作服务，实施村级综合服务设施提升工程
2023 年	2 月，中共中央、国务院印发《做好 2023 年全面推进乡村振兴重点工作的意见》	提出深化农村社会工作服务和加强乡村人才队伍建设。组织引导社会工作等领域人才到基层一线服务，支持培养本土急需的紧缺人才

自 2012 年 10 月到 2023 年 2 月，检索国务院官网，中共中央、国务院的有关文件中提及"社会工作"的有 100 多份。这些文件覆盖包括疫情防控、应急管理、社会建设、乡村振兴、共同富裕、关心下一代、新型城镇化、老龄事业、妇女权益保护等诸多方面。高校社会工作作为专业社会工作的一支重要力量逐渐参与到社会治理的各个方面。

第三节　高校社会工作在地化实践的问题缘由

社会工作专业课程作为社会工作专业理论和实践基础，是培养社会工作专业学生实务能力的重要组成。目前社会工作专业学生存在理论应用能力薄弱、社会服务能力不足、专业性不强等问题，与开展增进民生福祉、提高人民生活品质的高质量社会工作服务需求还有一定差距。

一、高校社会工作在教学过程中遇到的主要问题

课程是人才培养的核心要素，课程质量直接决定人才培养质量。聚焦地方院校社会工作专业的课程教学，主要存在以下教学问题。

（一）过于依赖文本教学范式，课程实践教育创新性不强

社会工作专业课程作为社会工作专业教学的核心基础，知识体系不仅有综合性的特点，同时具有理论与实践的融合程度高、学生实务能力为本等特点。当前社会工作专业课程相关教材内容及课程的教学情况，普遍注重理论知识的讲授，在教学过程中对学生如何介入服务对象，具体运用社会工作的专业理念、方法和技巧，提升实践能力方面的训练相对不足。社会工作专业课程的教学由课堂讲授理论知识和模拟实验教学组成。由于课程的教学性质，安排面向社会基层的社区实践时间、具体实践场地等方面的课堂教学外的条件限制，其实际效果与预期的实务能力为本的培养目标有一定的差距，与社会工作专业应用型人才培养目标及具有理论知识和方法、技巧整合性运用的社会工作教育要求不符。

（二）侧重教材课程知识灌输，本土专业知识融入缺失

社会工作专业课程教材依靠引进，通过翻译最终进入中国的本土教学情境。国外的教材侧重辅导、治疗等微观技术教学，导致学生缺乏宏观结构视野和本土问题意识。由于社会工作专业的教师大多未接受过社区工作实务训练，少有成熟的实务经验，其课程授课教材多以理论知识和理论研究为主，缺少对我国本土社会工作经验的总结与提炼。社会工作专业课程缺乏具有本土特色的实务课程与实习安排，尤其是基于本土特色的案例教学不足，专业教育者的相关实证研究较少，对本土文化融入社会工作专业教学关注不多，本土专业实务难以反哺教学，本土化方法策略运用等核心议题很容易被教材及专业教育所忽视，从而导致教学与社会现实融合度不够。

（三）教学与行业发展不衔接，实践教学存在悬浮现象

伴随着我国经济社会不断发展，国家基层社会治理深入推进，开展对象精准化、服务精细化和方法专业化的社会工作服务成为重要内容。而目前社会工作专业课程由于教学内容没有紧跟行业发展趋势，课堂理论学习与场景实践存在"脱嵌"。在社会工作专业课程实践教学环节，学生更多是被动参与教学场景实践，以"坐班""打

杂""等服务对象上门服务"等"不接地气"的社会工作服务方式进行教学场景体验，缺少本土化文化情境创设，课程所传授的专业知识在实践场景中无法有效应用，课程所传授的专业服务理论和技巧悬浮于真实的人和环境之上的问题比较突出，无法实现以社会需求为导向的课程设置目标，导致学生社会工作服务的实务能力和专业性受到质疑。

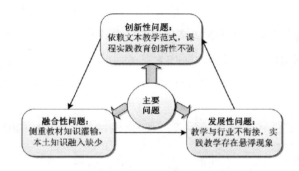

图 2-1　社会工作专业课程在教学过程中遇到的主要问题

二、原因分析

国内关于"新文科"的"新"的内涵主要集中在三个层面，即学科样态的交叉性、学术旨趣的实践性、学科创新的多元性。按照《新文科建设宣言》（2020 年）中"经管法助力治国理政"的指导性要求，社会工作的新文科建设的核心目标就是以创新的教育理念、方法、人才培养方案和课程设置来实现社会工作专业人才实务能力的全面提升。《关于引导部分地方普通本科高校向应用型转变的指导意见》要求全面深化人才培养方案和课程体系改革。以经济社会发展和产业技术进步驱动课程改革，整合相关的专业基础课、主干课、核心课等，更加专注培养学习者的技能和创新能力。作为应用型大学的社会工作专业更应该基于地方经济社会发展驱动课程改革，更加专注培养学生在社会工作服务的技能和创新能力，为地方发展注入创新活力和解决现实问题提供人才支持、理论支持和技能支持。

（一）课程教学内容偏离社会需求，缺乏实践优势与本土知识

社会工作专业课程教学要紧密围绕社会需求，联系地方经济社会发展。当前社会工作专业课程教学出现与地方社会需求偏离等问题。一是没有形成完整系统的实践取向课程体系。由于理论联系实践不充分，课程设置的知识点与社会需求融合不足，造成课程知识点浮于表面，不能及时回应社会需求。二是由于社会工作专业课程设计比较割裂，理论课程内容缺少基于地方经济社会发展的相关本土知识，缺乏针对社会问题解决、助人情景体验和本土文化敏感性而建立的课程教育导向。三是由于中、西方制度情境的根本差异，发达地区与欠发达地区差异，使得社会工作专业课程的社会工作理论的适用性和方法的可行性亟待在本土化的演化、适应过程中创新发展。

（二）课程实践教学体系不完善、缺乏校地社多元协同机制

社会工作专业课程教学应注重学生社区工作实务能力的培养和实践。目前课程教学体系不完善，教学机制比较单一化。一是目前社会工作专业课程教学侧重课堂理论教学，理论教学和实践教学出现不平衡，存在"重理论，轻实践"的倾向。二是社会工作专业课程教学实践体系内容比较单一。课程实践教学基地建设多以学校为主，缺少校地社多元协同，导致教学实践内容比较简单，教学平台选择有限，教学评价不全面，无法保证课程教学质量。三是课程教学实践体系构建缺乏多方参与，导致实践内容设置不规范和不科学，影响课程教学目标和教学质量。

（三）课程教学社会服务环节缺少，课程教学方法创新性不足

社会工作专业课程现有的社会服务环节缺少和教学方法创新性不足导致学生实务实践能力较差。一是教师教学方面，由于社会工作专业课程教师自身参与社会服务较少，缺乏基层实践经历、经验，仍然采取传统的理论授课方式，课程教学与社会发展缺少联结，致使课堂教学无法更好地将理论融入现实，从而影响到社会工作专业学生实践能力的培养；二是学生学习方面，目前社会工作专业课程学习更多依赖于课本知识，缺少社会服务教学参与的平台，主动参与社会实践、实践场景模拟等机会不多，学生的实践能力未能得到锻炼。

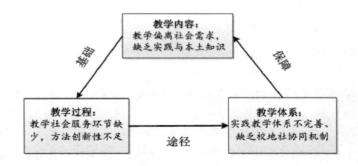

图 2-2　社会工作专业课程教学问题的原因分析

三、服务学习理念及积极作用

（一）服务学习理念内容介绍

"服务学习"（Service-Learning）一词最早由美国教育学家罗伯特·西格蒙和威廉·拉姆齐（Robert Sigmon & William Ramsey，1967）提出，源于志愿服务的发展和教育模式的变革，融合了教育学、心理学和社会学等学科理论。1990 年，时任美国总统的乔治·布什（George Herbert Walker Bush）签署并颁布了《国家与社区服务法案》（National and Community Service Act）。该法案规定：为培养学生的公民责任感和社会意识，促进学生的成长，学校、社区及社区内的服务中心需相互配合，将学生在学校所要学习的学术性课程与社区服务整合为一个教学单元，并安排学生完成一定的社区服务。自此，"服务学习"作为一种教育教学改革方式在美国兴起并迅速发展。

美国学者赛弗（Seifer）认为，服务学习是将服务工作和学习过程融合在一起的一种教育方法。这种方法强调制定明确的学习目标并在服务后反思。我国学者指出，服务学习是一种行之有效的教学和育人方法，通过服务活动收获学习的成效，达到学习的最终目的（夏勇等，2010）；服务学习可以干预解决社区问题、帮助学习者实现自我发展，持续发展本土化的政策、组织和行动模式，进而提高教育质量并最终为社会发展做出贡献（彭华民等，2021）；服务学习理论可以增强国内高校社会工作专业教学、实践与研究的交互性，为社会工作人才的创新培养提供实践路径与反思逻辑（姚进忠等，2021）。

（二）服务学习理念对社会工作专业教学的积极作用

"服务学习"是将社会服务和课堂授课两者融合起来的一种整合型教育模式；学生参与到精心设计的社会服务行动中，一方面推动学生获取知识，提高能力，另一方面也培育了学生的公民责任感及团队协作精神（杨慧等，2018）。作为实践取向和操作性强的社会工作专业，其教学目标是社区服务与专业理论方法和社会价值观念的融合。基于此，有必要借鉴服务学习理念开展新文科导向下社会工作专业教学探索与实践。

1. 引导教学目标由"人才培养"为主转向人才培养与社会服务并重

服务学习是一种将社区服务和专业认知学习结合在一起的创新性教学理念与模式。高校、教师、学生和社区在共同目标下互惠合作，借助批判性反思和评估环节来促进在地化学习。

目前社会工作专业教学存在重理论轻实践、重知识传授轻能力培养的现象，对实践教学的高阶作用认识不到位，缺少课程教育理念和教育方式的本土化学习。因此，引入"服务学习"教育理念可以使社会工作专业课程教学目标更加全面、指向更加清晰、作用更加多元。

2. 推进教学内容由"理论知识为主"转向"实践知识突出"

服务学习是一种经验教育，关注学生学习内容与社区服务的有机结合，通过开展社区服务来促进学生学习专业知识和技能，并应用、体验和反思所学的专业知识与技能，把专业学习从学校延伸到社会，进而实现理论研究与社区生活的现实的有机联系。

目前社会工作专业课程形成完整的实践取向课程体系，但是理论联系实践不充分，课程设置与社会需求融合不足，导致教学偏离社会需求。同时，课程设计缺少基于地方经济社会发展的相关本土知识，使得社会工作理论知识无法有效地指导和应用于实践服务，课程内容缺乏实践优势与本土知识。

因此，"服务学习"课程教学改革有效促进社会工作专业课程教学内容由"理论知识为主"转向"实践知识突出"，进而促进学生在社区服务中更好地学习专业知识和技能，提升课程的实践育人效果。

3. 推动教学方法由"单一式"课堂转向"社区式"课堂

学生通过有目的、有组织的服务学习而获得发展，可以促进学生学习情境由单一课堂转换为与真实社会相结合。其服务活动既满足了社区需要，又和高等教育机构的使命结合起来；既有助于培养学生的责任，又因与学生学习课程的结合而提高学生的学术水准。

目前社会工作专业课程教学更多是文本式理论教学。学生参与社会服务时间和空间非常有限，无法在实践中深入了解和认识社会，缺少对社会服务的实务操作与地方文化认知。而社会工作专业课程教学强调学习和研究整合"行动"这一共有的核心要素，注重学生参与社会实践，重视实践经验积累。因此，引入服务学习理念不仅能实现社会工作专业的学生在社会服务中深化专业理论学习，还可以让教育在回归生活中培养人才的社会化高阶能力。

4. 导引课程教学过程由"单向"开展转变为"双向"的互动与反思

服务学习以学习为基础和出发点。在服务学习过程中，师生与社区建立起互惠关系，双方可以随时沟通交流和互相评估，不仅社区需求得到满足，学生也在服务学习中实现学习目的。最重要的是，学生通过反思环节不断领悟提升，深化整个学习目标范围内的学习。

目前社会工作专业课程教学多为单向输出或者形式化的社会参与，缺少反思和展示交流。学生无法对社区活动和公共议题进行更深刻的专业思考。学生与社区缺乏互动互惠关系，无法为社区提供针对性服务以及深入了解社区运行、社区治理等方面的情况，为社区提供的专业服务非常有限。

为此，在社会工作专业课程教学中，服务学习理念能推动社会工作专业学生与政府、社区、组织和行业在社会服务及工作内容的双向互动并最终使多方受益。

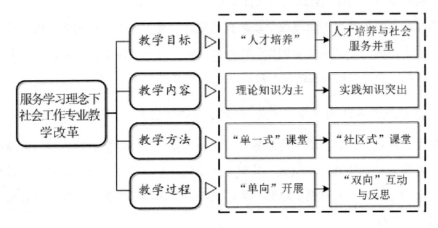

图 2-3　服务学习理念对社会工作专业课程教学的积极作用

第三章　颐养晚年：社会支持网络视角下城郊农村家庭养老问题研究

第一节　理论与方法

一、研究背景

2019 年 4 月，中共中央、国务院出台《关于建立健全城乡融合发展体制机制和政策体系的意见》，提出完善城乡统一的社会保险制度、构建多层次农村养老保障体系、创新多元化照料服务模式。第七次全国人口普查结果显示，我国 60 岁及以上人口占总人口 18.70%；与 2010 年相比，60 岁及以上人口的比重上升 5.44 个百分点。北海市常住人口中，60 岁及以上人口占 16.05%，与 2010 年第六次全国人口普查相比，60 岁及以上人口的比重上升 3.34 个百分点；北海市常住人口中，居住在乡村的人口占 41.57%。

从以上数据可以看出我国人口老龄化进一步加重。随着人口老龄化以及城镇化进程加快，城郊农村老年人口的家庭养老问题凸显。

一是城郊农村老年人对养老服务需求不断增加，但城郊农村相对城市养老问题突出，城郊农村养老服务基础更为薄弱、养老状况更为复杂。城郊农村的家庭养老社会支持体系比较落后。二是城郊农村老年人主要依托家庭养老方式进行养老，而大部分农村家庭规模不断缩小，对家庭养老支持力产生一定的影响。三是城郊农村由于土地改造利用，大部分土地被征收，农民的经济收入结构发生变化，代际间的生活习惯、工作与家庭之间精力、时间的分配变化等原因影响了家庭养老的功能。大多数劳动力往返于城市和农村之间，白天赶往城市上班，晚上回家休息，使得他们与父母互动的时间减少，生活的压力、工作的奔波使传统的反哺意愿下降。城郊农村老年人的养老资源积累少、收入有限，加上社会养老服务体系不完善，很多农村劳动力涌向城市、外地，城郊农村老年人的养老面临严峻挑战。

二、问题的提出

由上述研究可以发现，城郊农村老年人的养老压力更加突出。如何保障如此大规模老年人的晚年幸福，成为全社会不得不面对的严峻问题。解决他们的养老问题，是对社会负责的表现。

三、研究目标与内容

本研究以北海市银滩镇龙潭村的访问调查为基础。研究的目标在于研究社会支持网络视角下城郊农村老年人家庭养老问题以及哪些支持因素弱化了传统家庭养老的功能。本研究有助于了解当前部分农村地区家庭养老保障状况、养老观念以及老年人能够获得的养老支持，有助于进一步完善农村家庭养老社会支持体系以及满足老年人对养老服务的需求。

一是通过访谈了解龙潭村老年人家庭养老的现状，如经济情况、居住形式、生活娱乐等。二是考察城郊农村老年人群体在养老过程中不同主体为老年人提供哪些方面的支持和存在哪些方面的缺陷。三是归纳总结当前城郊农村家庭养老运行问题，并就政府、社会、社区、子女、老人等方面提出针对性意见。

四、研究意义

（一）理论意义

在人口老龄化背景下，对城郊农村家庭养老问题进行研究，有助于准确把握城郊农村家庭养老面临的社会支持困境，推进农村家庭养老向社会养老的平稳过渡；进而可以明确现阶段城郊农村老年人可以获得的社会支持，为探索可行的养老福利政策、养老服务提供理论依据。

一方面，有助于完善我国城郊农村的家庭养老理论。本研究基于社会支持网络视角，对城郊农村老年人群体的养老问题进行实地调查，深入探讨了城郊农村的养老问题和解决对策，丰富了我国城郊农村的养老研究理论。

另一方面，有助于发展社会学理论。本研究深入了解龙潭村老年人家庭养老所存在的问题。同时，对农村老年人的养老服务需求进行讨论，在一定程度上有助于中国农村家庭养老研究理论的构建。从社会学角度来说，关注农村老年人群体的养老问题是实现人的全面发展和价值实现的终极关怀，更是国家建立健全社会保障制度、构建稳定和谐社会的重要任务。

（二）现实意义

解决城郊农村的家庭养老问题与农民的幸福息息相关。深入了解农村老年人群体的养老现状，发现他们养老遇到的困难，对于如何满足农村老年人养老需求具有重要的现实意义。

从城郊农村养老服务的发展来看，需要立足现实，准确了解当地家庭养老模式中老年人的照料服务和健康保障情况，对现实生活中存在的家庭养老问题进行整体把握，所得出的研究结论有助于为相关政府部门、社会组织制定针对性养老服务政策提供理论依据，并提出相对应的解决措施来推动当地养老社会支持体系的完善，有利于促进社会稳定发展。

从老年人幸福的角度来看，通过了解城郊农村老年人社会支持的现状和问题，倡导全社会关注城郊农村老年人、带动农村养老服务发展、提高家庭照顾质量，从而促进老年人与家庭成员的关系和谐，使老年人享有更高质量的养老生活。

随着经济社会迅速发展，老年人对养老服务的需求不断增加，城郊农村的养老事业发展对老年人的晚年生活有着至关重要的作用。研究城郊农村家庭养老问题，可以为政府解决农村养老问题提供新思路，对于探索城郊农村养老模式发展道路有着至关重要的现实意义。

五、文献综述

（一）不同领域对家庭养老的研究

20 世纪 80 年代，我国就已经有了关于家庭养老的研究。学者从不同的视角对家庭养老进行了深入的分析和研究。

1. 人口学角度

穆光宗（1999）指出家庭养老的客观发展趋势 —— 家庭养老功能的弱化、外移和替代，也提到家庭养老的变革方向是养老功能的社会化外移和网络化互助；强调在家庭养老的基础上，大力发展社会养老服务事业，构建起家门口的养老社会支持系统。

2. 社会学角度

费孝通（1983）提出中国家庭养老的"反馈模式"——"甲代抚育乙代，乙代赡养甲代，乙代抚育丙代，丙代赡养乙代，下一代对上一代都要反馈的模式"。这是中国传统乡村社会家庭养老模式，体现了传统孝道与礼仪文化的本质要求。他说，家庭养老是"在家养老"和"子女养老"相结合。在中国，家庭养老通常被解读为由子女供养，并且更多的是指来自儿子的赡养。费孝通（2016）认为，农村家庭以

"差序格局"的形态进行家庭的繁衍和替代；家庭养老的"反哺"模式，是嵌入在"差序格局"当中的，是传统家庭养老模式的内涵所在。冯华超、钟涨宝（2014）认为，父母对家庭的控制力在下降，人口外流在一定程度上拉大了亲子在地理和社会上的差距，代际支持行为逐渐理性化。此外，受到多元文化影响，很多子女对核心家庭、个人价值、独立与自由更为关注。子女思想观念的转变导致传统的赡养意识不断弱化，最终影响到他们对父母的养老支持，在一定程度上造成了失序状态和养老危机，从而产生家庭养老问题。

3. 人类文化学角度

吕红平（2019）基于家庭文化中"孝"文化的视角，认为市场经济体制下效率原则和利益原则至上、西方个人主义文化传入的影响，使得流传数千年的家庭文化以及与之相适应的家庭代际关系原则和养老文化受到严重冲击，成为家庭养老的思想文化障碍。

4. 经济学角度

黄秀女、伍德安（2015）基于传统家庭养老及代际经济学的视角，通过模型分析，推断随着人口流动及家庭结构变迁，家庭养老资源缺位，养老服务面临服务需求膨胀以及资金、资源不足的现实困境，因而出现传统家庭养老生态功能退化的必然趋势。

5. 其他角度

姚远（2001）提出，中国家庭养老研究从家庭养老的非主体研究到家庭养老的主体研究，从社会学角度的家庭养老社会价值研究到多学科角度的家庭养老功能的理论与实践研究，存在三个方面的不足：一是单一理论的解释存在缺陷，二是单一角度研究的局限，三是研究面较窄。李小珍（2006）认为，随着市场经济的发展和经济体制改革的进一步深化，农村人口流动加大，子女不在老人身边的空巢家庭日渐增多，传统家庭养老已受到不同程度的威胁；在现代化和城市化的过程中，核心家庭和亲属的关系正在疏离。

一些外国学者认为：农村老年人感到被他们的子女、孙辈和年轻人贬低，并且认为他们子女的孝顺是脆弱和不可靠的；老年人对拥有可靠护理者的前景持悲观态度，甚至表示希望在依赖他人护理之前死去；需要新的社区护理合作模式，以确保发展中国家的老年人能得到充分的护理。

（二）社会支持下的养老研究

社会支持研究是社会学的一个重要分支领域。专家学者从不同角度就社会支持对养老进行了深入的探讨，并取得丰硕成果。

1. 不同概念下的老年人社会支持研究

林顺利和孟亚男（2010）认为，就目前的研究来看，可以按照支持主体将社会支持分为四类：由政府和正式组织（非政府组织）主导的正式支持；以社区为主导的"准正式支持"；由个人网络提供的社会支持；由社会工作专业人士和组织提供的专业技术性支持。

此外，一些学者从社会支持的内容入手，对社会支持内容进行了差别划分。学者姜向群、郑研辉（2014）认为，社会支持网络，是指由与个体相关联的国家、群体和个人所组成的关系网络，是个体全部社会网络的重要组成部分；通过这个网络，个人能够获得各种资源支持（如经济、情感、照料等）。

2. 社会支持与老年人身心健康关系研究

埃塞尔·沙纳斯（Ethel Shanas，1979）发表了关于家庭作为社会支持系统的两个方面的研究结果——老年人生病时的家庭护理和家庭探视模式。老人的直系亲属是老人生病时的主要社会支持，老人的子女、兄弟姐妹和其他亲属是老年人与社区的主要纽带。一些外国学者认为，社会支持对老年人的幸福有着重要的影响，亲人、朋友和他人的特殊支持，影响着老年人的身体健康和心理健康；为强化社会支持机制，社区工作者应当考虑老年人的社区环境。

贺寨平（2002）指出，农村老年人社会支持的网络特征对他们身心状况具有影响，其中陪伴支持与老年人的生活满意度有显著的正向关系；平时或病时陪伴和照顾老年人的人越多，老年人的生活满意度越高。

3.养老社会支持体系的构建

行红芳（2006）从社会支持与需求满足的角度进行探讨。其认为，构建老年人的社会支持系统是必要的措施，进而推动政府、社区、组织、家庭四个层面社会支持的良性互动，促进社会服务业的发展，以满足老年人多类别、多层次的需求。李松柏（2002）认为，所要建立的养老社会支持系统应当包括政府、社会、社会组织以及家庭、个人，所提供的社会资源应涉及制度保障、经济、服务和社会环境等方面。卢艳、张永理（2015）研究了农村互助养老的社会支持网络构建问题，强调在发展互助养老的同时，应健全国家层面社会养老保险制度，强化家庭养老中子女对老人的赡养责任，倡导传统孝道伦理的回归，为农村老年人构建多元的养老支持网络。

（三）农村养老问题对策研究

随着经济社会发展，农村养老问题受到社会各界关注，专家学者结合我国实际情况进行了大量的研究。

1.探索农村养老模式

陈芳、方长春（2014）提出：欠发达地区农村养老的出路是走向社会养老；为此，必须在完善农村社会养老保障机制的同时，积极构建农村养老的社会支持体系。

2.加大政策支持力度

王士鹍、王世恒（2022）提出建议：一是增加财政投入且走产业化的路子，加大对城乡养老的投入，解决好农村社会养老保险资金不足和保障水平过低的问题。二是开发多种养老模式，提倡"自养"，融经济支持、生活护理和精神慰藉于一体，作为家庭养老的补充。三是转变传统观念，加大政策支持力度；推行养老负担均衡制度，尝试推出"孝道奖励"制度。

（四）文献评述

纵观近些年社会支持与家庭养老的相关研究，可以发现学界对养老问题进行了深入的研究，但是从总体上看，更多侧重于研究空巢、失独、孤寡老年人群体的相关养老问题以及城市、农村的家庭养老问题，对社会支持视角下农村家庭养老的研究相对较少。农村地区养老问题关乎农民的幸福生活，一直受到国家和社会的普遍关注，相关研究的视角不断创新，研究的成果不断涌现，为政府制定政策提供了广阔的视野和有力的借鉴。

目前，基于社会支持网络视角研究农村家庭养老问题还不够多，对于城郊农村家庭养老问题还有待进一步探究。本研究立足于农村老年人家庭养老的实际，考察城郊农村老年人的生活状态、居住环境、养老状况，准确把握城郊农村家庭养老面临的社会支持困境，并提出针对性意见以推进农村家庭养老社会支持体系的构建，以期增强城郊农村老年人的养老支持力。

六、研究设计

（一）相关概念

1. 城郊农村

城郊农村，即城市郊区农村，位于城市的周围，是界于城市和乡村之间的特殊形态的区域，具有较高的农村城市化、工业化水平、双向接转和辐射的功能。从城郊农村变迁来看，城郊农村城市化的进程不可逆转。随着城市空间的不断扩展，城市对城郊农村呈现出吸纳的态势。因此，城郊农村只是社会发展进程中的一个过渡形态（葛亮，2021）。

2. 家庭养老

家庭养老是中国传统乡村社会的主流养老模式。家庭养老作为一种环环相扣的反馈模式，以家庭为载体，老年人获得养老保障。

3. 社会支持

关于社会支持的概念，目前学界还没有统一的认识。作为一种理论范式，社会支持源于"社会病原学"，最早是与个体的生理、心理和社会适应能力联系在一起的。

崔燕改（2006）认为，社会支持指的是在社会网络体系中使用经济支持或者精神支持的手段对社会中的弱势群体所进行的一种无偿的帮助，是具有主观选择性的社会活动。

本研究在对理论和概念进行梳理的基础上，将社会支持分为正式社会支持和非正式社会支持，正式支持为政府、社会、社区提供的养老支持，非正式支持为亲属、朋友、邻里提供的养老支持；就老年人家庭养老经济支持、生活照料支持等方面，结合具体访谈案例进行分析。

（二）理论基础

社会支持网络，最早运用于精神疾病与医疗康复领域，到 20 世纪 80 年代才逐渐成为社会工作的一种重要的理论视角和服务逻辑。

社会支持网络的理论倡导将个体与社会的关系互动作为一个互联的网络体系；在社会支持网络中，个体可以获得各种正式或者是非正式的资源（周湘斌、常英，2005）。王思斌（2010）认为，借助社会支持网络，人们通过沟通交流，个体能够维持其社会身份，并获得情绪、物质、服务、信息等的支持，逐渐融入新的社会。贺寨平（2006）研究了亲属、朋友、邻里等支持主体在老年人社会支持网络中的不同作用。他认为，亲属是情感支持和实际支持的主要来源，朋友则是社交支持的主要提供者，邻里提供较小的实际支持和社交支持，工作关系只是提供极少的社交和情感支持。高灵芝（2003）从社会政策的推动、正式支持与非正式支持的构建、社会服务组织的发展、社区养老服务保障的加强等方面进行了探讨。其认为，良好的社会支持体系应该由政府、社会、单位、家庭及受助对象自身的潜能发挥机制等组成，其中最重要的是多系统之间的相互联结与互动。邱海雄等学者（1998）认为，社会支持既涉及家庭内外的供养与维系，也涉及各种正式与非正式的支持与帮助。

（三）研究思路

一是收集北海市老年人口相关资料，了解人口老龄化背景并提出研究的问题，明确研究的目标、内容和意义，从理论意义和现实意义两方面进行分析。

二是阅读文献，就之前的专家学者对于不同领域的家庭养老研究、社会支持下的养老研究、农村养老问题的对策研究进行探讨。实地调查龙潭村基本情况，并对村中老年人进行访谈；分析现阶段社会支持网络下农村老年人所能够享受到的家庭养老支持，试图找到城郊农村老年人家庭养老的问题所在。

三是对收集的资料进行归纳总结，基于社会支持网络视角，结合农村老年人的养老现状、养老需求，以期找到当前农村老年人家庭养老的解决方案，归纳问题并提出建议。

（四）研究方法

1. 参与观察法

观察法是社会科学研究的一种常用方法。研究者进入研究对象的生活环境中，观察研究对象日常社会生活过程的状况（王建萍，2015）。通过实地观察的方式收集龙潭村老年人居住环境、生活养老状况资料。

2. 文献法

基于大量的研究文献和现有的政策材料，查找有关"农村养老"的资料并认真分析，归纳总结出我国现有城郊农村老年人养老的总体状况，为研究做进一步的理论铺垫。

3. 访谈法

访谈法作为定性研究的一种方法，主张调查者与访谈对象面对面交流，以获得调查对象的真实想法。本研究采用参与式观察与深度访谈的方法，对龙潭村几位老年人进行深入访谈，就养老问题收集信息。

第二节　实践案例分析：
银滩镇龙潭村的老年人养老状况

一、龙潭村基本情况介绍

（一）地理自然情况

北海市银滩镇辖区面积约为 79 平方千米，辖区常住人口约 20.8 万。交通便利，旅游资源丰富。建有医院、北海博物馆、北海新图书馆、体育中心以及万达广场、吾悦广场等。银滩镇的购物、休闲、餐饮、娱乐、居住、教育综合设施完善。

龙潭村是银滩镇辖内的行政村，位于北海城东 10 千米，地势平坦开阔，地理位置优越。银滩大道沿村伸展，交通方便。村内设有幼儿园、小学、卫生所、农工超市、菜市场，生活设施齐全。东去 8 千米就能到达红树林赶海区。附近建有桂林电子科技大学北海分校、卫生学校、北海中学。附近还有园博园，环境优美。村里大部分耕地也因建造学校和园博园被征收。

（二）老年人口情况

截至 2022 年，龙潭村共有 4321 人，60 岁以上的老人 677 人，其中孤寡老人 37 人。17 人为特困供养人员，政府每月资助 850 元低保金。其中 5 位在敬老院入住。他们的低保金一部分交给敬老院用来支付生活支出。敬老院管理员会给他们生活上的照料和负责他们的饮食。

表 3-1　龙潭村老年人年龄、补助情况

年龄	60 岁以上	60—79 岁	80—89 岁	90—99 岁	100 岁以上
人数	677 人	554 人	94 人	28 人	1 人
补助金			50 元／月	100 元／月	300 元／月

资料来源：龙潭村村委工作人员

（三）生产、生活情况

龙潭村主要产业为第一产业，主要是赶海、农业种植。龙潭村村民生活节奏慢，经济自给自足性强。

龙潭村村民的经济来源主要依靠赶海、农业种植、进城务工。大部分是依靠土地种植农作物与赶海，根据潮汐变化和农忙时间来安排工作，务农与赶海两不误。依靠土地，种植花生、玉米、红薯等作物，有的人拿去售卖，有的人自种自吃，节省生活开支；依靠大海，赶海挖螺、挖沙虫，有条件的出海捕鱼、捕虾以获取经济收入。

年轻人受过教育，有自己的理想和抱负，很少想务农，多是选择去市区上班或者去外地工作；在本市上班的，会在农忙有需要时帮家里干农活。由于青年外出求学、务工较多，本地青壮年人口正在逐渐外迁。目前该村仍在务农的劳动力只剩下中年人、老年人，且劳动力不断减少。

公共文化服务体系是文化民生的基础保障。目前，村里的文化生活并不丰富，公共文化服务体系不健全，可供村民娱乐休闲的场所并不多，只有距离村 2 千米的园博园可以让村民活动，跳健身舞、唱歌、散步、唱歌。村中老年人活动的场所分散，在村里的一些小卖部里、邻居家的树下，聚在一起聊天、打纸牌、看电视；有的去菜市场等公共场所，与熟人聊天，娱乐消遣方式单一。

村中老年人年龄多为 60 岁至 70 岁。一些身体条件还可以的老年人，并没有完全退出劳动生产，不仅可以料理自己的生活，还能为家庭成员提供帮助，如带孩子、做家务、干农活。一些年龄稍大的老年人，身体素质不断下降，逐渐不能帮家里分担事情，生活需要由他人照顾。

（四）访谈对象的基本情况

笔者随机对村中老年人进行访谈，以聊天的方式了解老年人养老基本情况。访谈对象面临的问题往往只是龙潭村老年人所面临的一部分。每个家庭的问题都不一样，服务需求也多种多样，其中主要的需求是经济支持、生活照料支持、情感支持。

访谈对象 1：女，84 岁，龙潭村本地人，丧偶，三个儿子一个女儿，未缴纳养老保险，无经济收入，目前患病在家。与子女分开住，自己住在老屋。

访谈对象 2：女，78 岁，龙潭村本地人，丧偶，三个儿子一个女儿，每个月有 1800 元养老金收入，与儿子共同居住在院落中。

访谈对象 3：女，77 岁，龙潭村本地人，伴侣年龄 83，一个儿子两个女儿，每个月有来自子女的经济补贴 800 元，与老伴共同居住在老屋。

访谈对象 4：男，81 岁，龙潭村本地人，孤寡老人，未婚，患有腿疾和耳鸣，依靠政府补贴，每个月除去伙食费有 800 元收入，居住在敬老院中。

访谈对象 5：女，社区工作人员，龙潭村本地人，负责养老院的庭院管理。

二、龙潭村老年人家庭养老现状及问题

（一）龙潭村老年人家庭养老总体现状

从居住和经济条件上看，该村老年人居住条件良好，居住方式倾向于老年人与子女分而不离的居住方式，老年夫妻共居，独居的较少。龙潭村老年人的生活条件比较好，基本能够满足日常生活需求。在经济上没有什么巨大困扰；老人们生活节俭，其消费主要是伙食和生活必需品。

从生活照料和精神慰藉上看，不少老年人面临着生活照料、精神慰藉缺乏的困境。老人的子女外出务工，早出晚归，两地奔波；务农的忙于繁重农事。有不少身体条件还可以的老人依旧在为子女做家务、干农活。子女花在父母身上的精力有限，与父母沟通的时间并不多，在对老人的生活照料和感情慰藉上也有些分身乏术。

从龙潭村的总的情况来看，龙潭村老年人在资金、物质、生活照料、感情慰藉等方面得到的支持十分有限。此外，能够为农村老年人提供养老服务的志愿活动少之甚少。不少老年人需要心理疏导以重拾生活信心。总之，龙潭村老年人的家庭养老存在许多问题。

（二）老年人居住、生活问题

调查发现，之前龙潭村村民居住的房屋，每家每户建造的是红砖瓦房。随着村民经济的改善，院落大的人家会把老房子拆掉改建成楼房。有一些人家会在自家的宅基地上建造新楼房。大部分家庭的居住环境都是院落形式，院内就是自己家建的新楼房、旧瓦房或者平房。老人与子女共同生活在院落中。

老人与儿子一起生活的比例较高。一般是儿子住楼房，老人住在楼房旁边的老屋或者新修建的平房。虽说很多老人与子女同生活在院落中，却不一定在同一房屋里。多数是因为习惯了老房子，或者是不愿意爬楼梯、担心与子女生活方式不同产生矛盾等。这些老人与子女分开生火做饭，自己想吃什么就买什么菜，儿子、女儿家有好菜会送一些给老人，父辈子辈日常生活依旧紧密。有一部分老人跟子女一起居住在楼房里。

在生活方式上，父母与子女有着明显差异。老人的生活娱乐方式比较单调。子女的精神文化生活较为丰富，娱乐方式多元。父母与子女的人生观念、教育观念、消费观念以及情感需求不同，偶尔会产生意见分歧。由于生活在熟悉的家庭环境中，家庭成员之间有默契，所以很多老人适应现在的晚年生活方式。

在家庭关系方面，父代与子代关系相对和谐。尽管父代与子代平时生活在同一区域，但是很多时候并不干涉对方的生活。现在年轻人要忙工作、照顾家庭和教育小孩。通常老人会帮忙做家务，帮着带孩子，大大减轻了子女的生活压力，但增加了老人的负担。

"我是自己住在老屋，儿子们住在不远处的一个院子里；各住各的，离得很近。如今我身体不好，但我大儿子和三儿子跟我有矛盾，关系不好，不管我、不看我。身体好的时候给他们干了那么多活，建房子时又给他们钱，帮他们带大了儿子、女儿。现在不管我了，说我把钱都给了别的子女。现在只有二女儿和小儿子照顾我。小儿子一直让我跟他们住。我不习惯住楼房。我又喜欢乱放东西，不收拾屋子，住久了也会惹人嫌的。我就自己住老屋。"
（访谈对象 1）

"我跟我三个儿子住一个院子里，但我们各住各的。我身体也没到要别人照顾的地步，自己过自己的，自己生活也挺好的。我也受不了他们这代的习惯。我三儿子、四儿子没有农田，但是要经常帮他们看小孩。我大儿子一家，种花生、腌瓜皮、收玉米，永远有做不完的农活；不帮又看不下去，帮了又腰骨痛。"（访谈对象 2）

（三）老年人生活照料问题

生活照料支持是指城郊农村老年人在日常生活中得到的帮助。龙潭村老年人的日常生活照料支持多来于配偶、子女、亲友。

①配偶方面，配偶之间的照料支持，为龙潭村老年人生活照料支持中的重要组成。配偶生活在一起，共同分担家务活。当子女不在身边时，配偶往往是日常生活照料的主要支持者。

"我跟我老伴相互扶持，相互照顾。他腿脚不便，洗衣、买菜、做饭都要靠我。但是我经常不记得事情，他就会提醒我。他身体越来越不好了。过几年我身体也不好了，我就照顾不了他了。"（访谈对象 3）

②子女方面，龙潭村老人的子女多是从事赶海工作，劳动强度大，除此之外还需要忙家务和照顾子女，分摊到父母身上的精力并不多。如果父母需要照顾，子女之间会协调好、分配好父母养老的照料责任。子女对父母的日常生活照料支持相对不固定，与子女的孝敬心有很大关联。

"我有四个子女。我身体不舒服、得病了，要人端饭，要人烧水，帮我冲凉、擦身，要人帮我洗衣服。我二女儿跟四儿子一直照顾我。我二女儿挖沙虫，又种地，每天两头跑很辛苦。我这两个孩子最孝顺、最得我的好话了。另外，大儿子、三儿子这两家，都不孝顺我；一想到就生气。"（访

谈对象1）

"两个女儿有各自的家庭，不能经常回来照顾我们俩。只能靠儿子多来看看了，儿媳妇要上班和做家务，照顾孩子，偶尔来一次，帮我们干活。"（访谈对象3）

③朋友邻居方面，根据经济和居住情况，一些人会在宅基地建新房。有的老人跟随子女到新房那边住，对同朋友、邻居的交流、互助有一定影响。

"现在好几户老人搬走，跟孩子住了。还有前面一户人家是从云南来工作，在这里租房。他们说话，我听不懂。人几好（土话：人特别好），有时候还帮我倒垃圾。还特别喜欢吃我做的叶子糕。但是他们只有傍晚才回来，不经常看到他们。"（访谈对象3）

"平时也不多走动。人老了，也不好乱走；走多了，腰骨疼得直不起来。那些邻居也不怎么走动，早年因为土地问题有点矛盾。实在无聊，就只能偶尔走去不远处的朋友那里，聊聊家常了。"（访谈对象2）

（四）老年人的经济问题

龙潭村的老人与子女在经济上彼此分开。父母有自己的经济收入，或者有自己的积蓄，子女也不用将劳动所得交给父母支配。在家庭经济支出方面，没有什么规定，大多数父母与子女在生活支出上各自承担一些开销。

龙潭村老年人的经济收入，主要是依靠子女的支持、每月发放的养老保险、高龄补贴、劳动收入。

经济情况较好老年人占少数，有自己的积蓄，也有养老金收入，没有身体上的疾病，也没什么大额支出。有一些身体较好、家庭条件不错的老年人闲不下来，会到菜市卖冰冻糖水、海螺，每天都有不错的收益。

"之前征地，自己攒有点钱；借给了三儿子，还没还我。我每个月也有1800元收入，平时也没有什么巨大的花费。有时候我也收集一些纸板、空瓶去卖。我一个月花不了多少钱，每天买点菜几块钱，买点鱼或者瘦肉，伙食费一天不超过30元。偶尔给孙辈一些零花钱。"（访谈对象2）

经济情况一般的老年人占大多数，在经济上能够负担日常生活支出。老人通过缴纳社会养老保险，年龄达到政策标准后，每个月有几百养老金收入；平时子女也有些许经济支持。

> "我的情况一般般吧。我的钱不多，但够生活。子女也会给些钱，每个月有七八百，平时也给我交水电费、买菜和降压药。我自己要花钱的地方不多，多亏有子女记得我的功劳。只要身体没什么大病，生活也是过得去的。"（访谈对象3）

经济情况差的老年人因身体或者各种因素的影响，无收入来源或者收入微薄，个人积蓄难以承受生活压力，在经济上依赖子女、政府的帮助。龙潭村有5位无子女的低保老年人入住敬老院。政府发给他们的补贴，交给敬老院护工买菜、做饭给他们吃。另外，一些低保老人，家里经济情况不好，只能接受政府和社区的救助，在家养老，由子女照顾。

> "我没有什么收入，但是政府管我们。我无儿无女。多亏了政府养我，不然不知道怎么办。我年轻时候养牛、挖沙虫，后来身体不好，干不了了，没攒下什么钱，也没有房屋地产。现在住敬老院，由护工照顾我。"（访谈对象4）

> "他们没有什么大的支出，现在政府拨钱养这些老人。年龄大的老人得到的补贴就多一些。政府发下来的钱，养老院给他们买菜、做饭吃，剩下的钱就会还给他们。节日，政府也会给他们发油和米。"（访谈对象5）

> "我哪里有什么钱，又不像别人有老人钱、有工资领。之前都是种地，收入不高。自己要维持生活、要花钱，只有支出、没有收入。现在又得了病，又没钱，真是难。不像别人家子女那么孝顺。我那两个不听话的儿子，都不管我，只想卖了老房子。"（访谈对象1）

就整体生活消费而言，龙潭村老年人依旧是比较节俭。老年人的屋里很多东西都是陈旧的，用了很多年也舍不得换掉，也不追求好的东西。老年人平时也会把一些可以卖的瓶子、废铁等东西收集起来，还能换钱。在买菜方面，一天就买一次菜。每天伙食费很少超过30元。

（五）精神慰藉支持问题

有效的精神慰藉，能够缓解老年人的孤独感、焦虑感等心理问题。龙潭村老年人精神慰藉，主要由非正式社会支持系统提供，即来自家庭成员、朋友、邻居，首先是来自配偶多年来的陪伴和深厚的情感，其次是子女、孙辈陪伴过程中得到的情感慰藉。老人的子女忙于工作、照顾孩子或者嫁到外地，平时与老人面对面谈心的时间并不多。此外，老年人会与亲友一起看电视、聊天，述说心事。在此过程中，他们能够感同身受和相互理解。

①亲情方面，配偶、子女及一些亲戚都是老人精神慰藉的主要来源。老年人对于亲人间的情感交流比较渴求。

"两个女儿嫁到外面，有自己的生活，平时也没多少时间回来，一回来没坐多久又走了。我儿子出海又辛苦，儿媳妇又上班不得空儿。还好有老伴在身边能讲讲话。我老伴有点痴呆，还耳背。我说话，他都听不清楚。平时他身边也离不开人，要看护他。我每天就只有出去买菜的时候，跟别的老太太聊天。现在很少出去跟别人聊天、打牌了。"（访谈对象3）

"虽然子女在身边住，但他们在市区上班，一天到晚来回跑。可是他们一下班回家，接送上学的子女回家，就把自家房门关上了。家家都大门紧闭。他们在各自的楼房里聊什么好玩的、分享什么有趣的，我都不知道。我想跟他们聊天，也不知道怎么说。他们工作挺辛苦的，还要照顾小孩，下班回来还要辅导小孩，自然也就顾不上我了。虽然我们都在一个院子里，他们屋子离我的小屋子只有几步路，来找我聊天的次数却很少。两个孙女也上初中，跟我这个老阿妈也没有话题说。晚上想去散散步，也没有人愿意跟我去。"（访谈对象2）

"这些老人都没有什么家人了，都死了。有一些没结婚。以前敬老院住了二十多个人，现在就剩下五个了。以前还有很多村里老人来这里打牌玩。现在没人愿意来了。说来这种地方会衰，会倒霉。敬老院的老人就只能看看电视。"（访谈对象5）

②友情方面，有老朋友的陪伴，晚年生活的孤单感就会消减许多。龙潭村老年

人与朋友之间的交流比较频繁，经常串门，聚在一起看电视、聊天或者打牌。老年人与朋友之间年龄相差很小，一起聊家长里短。

"公路对面的唐红，还有晚嫂，经常来我这儿聊天、看电视，聊聊闲事、说说新闻。我也挺喜欢的，这样就不无聊了。"（访谈对象2）

"平时也不见什么人来，经常见的就是一个护工给我们做饭吃。平时就跟敬老院一起住的老人下棋、看电视。日子一天天过，只有这些一起的老人陪伴在身边了。"（访谈对象4）

综上所述，城郊农村老年人在经济、生活照料、精神慰藉等方面面临些许问题。支持来源单一且支持范围狭窄，在很大程度上影响了老年人群体养老质量。

三、银滩镇龙潭村的家庭养老问题分析

通常社会支持网络分为正式支持和非正式支持两种，前者指来自政府、社会、社区等给予的制度性支持，后者主要指来自家庭、亲戚、朋友、邻里等的支持。

经过对龙潭村老年人走访交谈，更深入地了解龙潭村家庭养老的现状和老年人的生活、心态。结果显示，农村老年人的生活状况和心理状态不容乐观，需要政府、社会、亲属、朋友和邻居给予更多的关爱。这些老年人家庭养老存在的问题有以下几个方面。

（一）社会支持养老匮乏

1. 从政府层面来看

一是相关的政策法规少、不健全，关于老年人福利方面的政策不能保障城郊农村老年人养老需求。城市与农村的养老基础和发展也有着巨大的差异。自2019年至今，北海市出台了《北海市人民政府办公室关于印发政府购买居家和社区养老服务实施方案的通知》《北海市人民政府关于印发北海市市辖区被征地农民参加基本养老保险衔接办法的通知》《北海市人民政府办公室关于印发北海市建立健全养老服务综合监管制度促进养老服务高质量发展实施方案的通知》三项关于养老的政策。目前

在乡村养老社会支持体系中，政府是制定与落实社会养老保障、养老服务鼓励政策的重要力量。在一些农村地区，即使制定了政策，但落实还是需要投入的。养老服务在乡村的建设，也不是短时间就可以完善的，是一个大的系统工程。政府的支持作为兜底保护，对于农民养老保障，发挥着重要作用。

二是对于贫困老年人的支持上，政府每月发放补贴金，按类别、人口向低保户发放补贴，特困供养人员每月发 850 元，为困难老年人提供了基本生活保障。除了经济补助之外，在精神慰藉和生活照料上，政府处于缺位状态。

三是敬老院建设落后。敬老院目前只有一位护工照料五位老人的饮食起居，还有一位村干部负责敬老院管理工作。在精神支持层面，敬老院的老人所能得到的资源少。敬老院也没有配备医疗卫生室。除了五间屋子有人住，剩下的是十几间空荡荡的房屋和一个厨房。敬老院的运动器材也生锈损坏。

政府对于农村养老服务体系的构建还有很大的提升空间。比如，助老志愿服务、农村老年人心理健康关爱、农村老年人娱乐活动场所建设等，需要政府大力支持。

2. 从社会组织层面来看

社会组织是农村老年人社会支持网络中不可缺少的一部分。银滩镇社会组织少，能为龙潭村老年人提供服务的基本没有。龙潭村的养老服务面临着社会组织少、专业服务工作者匮乏、社会参与农村养老服务力量薄弱等问题。为龙潭村敬老院提供过志愿服务的是龙潭村周围的一些学校，一般是在雷锋日、重阳节这些节日来到敬老院陪老人聊天、干家务等，之后拉横幅拍照，一个流程下来三个小时也就结束了。

龙潭村及周边村，没有建设养老服务机构。加上农村老人"养儿防老"和个人养老意愿的深刻影响，很多老年人不了解机构养老，也不想去养老机构养老。而且农村老年人的经济情况也很难负担得起养老机构费用。这些都影响了养老机构的发展。薄弱的养老服务业，很难为农村老年人提供家庭养老之外的社会养老出路。

"平时不见什么人来呢。要是端午节、劳动节，可能有一些桂电的学生来做志愿者，跟我们说话，跳舞给我们看。今年还没见有人过来。要是这些活动多点就好了，不然我们这几个老人，在这里死气沉沉的。"（访谈对象 4）

"有儿有女，去什么养老中心。我不去那种地方，一个月要上千块，我还不如在家呢。就算去了养老中心，别人也不见得把我们照顾得好。那么多新闻说那些护工都不善待老人。不想去那种地方，只想在家养老。要是子女不在身边，偶尔有人可以为我们这些老人提供点服务，就很好了。"（访谈对象 3）

"说实话呢，来的不多。只有一些节日，人家需要搞活动才会来这里弄，拉横幅拍照，能给老人带来点新鲜的快乐，但是没多久他们就走了。来到这边、关注到这边的组织也不多。"（访谈对象 5）

3. 从社区层面来看

社区不仅是老年人活动的主要场所，也是老年人获得养老支持的重要渠道。社区的养老服务支持，对于老年人养老有着直接的影响。龙潭村社区在老年人养老支持方面依旧存在些许不足。

一是社区养老服务意识欠缺，服务设施少、功能弱。目前，龙潭村社区为老年人提供的服务主要是实施政策性支持服务。社区对农村老年人养老问题，缺乏有效的应对措施。社区养老服务支持薄弱。社区对于老年人养老方面的服务，仅限于为敬老院的老人提供照护服务。社区工作人员去下户慰问、探访社区老年人。社区工作人员与村中老年人之间的交流比较少。随着社会流动性增加和生活居住方式的改变，社区成员之间的互动和交流也减少了，一些住在一起的社会成员甚至彼此不熟悉。社区如果没有构建相应的老年人口照顾体系，老年人口将独自面对病痛、意外、失能及死亡，有违生命伦理和基本的人文关怀。构建完善的多元养老体系迫在眉睫（慈勤英、宁雯雯，2018）。

"平时很少去大队，不了解有什么服务。要是有什么老人高龄补贴的话，会来通知我们过去办理。上个月办理领老人钱的事项，叫我们拿着身份证过去办。"（访谈对象 2）

村委会作为农村基层自治组织，是推进基层养老的执行者和服务者。村委会中的村干部，大多数是村民，对村中情况也比较了解，有利于开展和维系社区的养老服务工作。但是村民对村务不了解、不关心、不重视，村干部在村务上更多的是充当"政府代言人"的角色，工作停留在"完成任务就好"的水平。这些都在一定程度上影响了社区养老服务的开展。

二是社区文化娱乐设施缺乏。虽然龙潭村是城郊农村，但社区的娱乐设施建设发展滞后；村中没有活动室、运动场地，仅有的几个运动器材早已被野草覆盖，公共文化服务设施简陋，服务体系较弱。

由于资金和人力的限制，社区组织活动往往难以有效开展。而且老年人最爱看的戏曲演出，自从没有村里的企业家资助后，就再也没有举办过。村中老年人的主要娱乐方式就是打纸牌、坐在树下闲聊、看电视等。不出门的时候，搬个小椅子坐在自家的树下是农村老年人最常用的打发时间的方式。这样单一的生活根本无法满足老年人在精神层面的需要，反而会使老年人的孤独感不断增加，其身体的健康状况和幸福感都会因此而受到损害。

"哪里有什么娱乐活动，都是我们几个妈仔拿着木凳，坐树下乘凉、讲闲话。好多年前有人唱戏给我们看就热闹好玩了。现在什么都没有。"（访谈对象 2）

三是宣传孝道文化意识薄弱。孝道文化，是农村家庭养老延续的内在动力。孝道文化的建设对于维系家庭与社会和谐稳定意义重大。然而城市化带来了新的思想观念。新的社会环境、新的文化氛围，使得年轻人与身在农村的父母在价值观念和生活习惯等方面有较大的差异。传统的价值观不断受到利己思想、消费主义等价值观冲击，孝道文化的淡化和道德水准的下降，对家庭养老造成了一定程度的影响。农村生产方式的单一，和青壮年生活观念的转变，加速了农村家庭分化。年轻人思想开放，接受的思想更为多元。更多的年轻人结婚后希望过上二人世界的生活，致使子女对夫妻关系和个人生活的重视超过赡养老人的责任意识。年轻人追求自由和生活质量，家庭养老带给年轻人更多的是一种喘不过气的压力。家庭观念和凝聚力的减弱，削弱了家庭养老的原始功能，加上缺少对孝道文化的弘扬，因此没有形成孝敬父母的良好环境。

（二）家庭养老支持功能薄弱

1. 经济、生活照料支持不稳定

稳定、良好的经济支持是老年人养老的基础和保障。城郊农村老人的非正式经济支持则是由子女、亲友提供的经济和物质支持。龙潭村老年人的收入来源有限、经济收入少，无非是土地劳动、赶海劳作换取些许收入。大部分老年人依靠积蓄来维持生活支出。此外，大多数老人的子女年龄为30岁至60岁。这个年龄段的中年人，工作一般都是赶海、种地。而现今村民个人耕地少且越来越少，村民增收不明显，经济收入水平低，能给予父母的经济支持不足。子女提供经济支持具有很大的不确定性，而且子女提供金钱的多少也取决于子女的经济收入情况和孝敬心。老年人年老体衰，很容易发生滑倒、昏倒等而导致意外伤害，也容易突发重大疾病，由于治疗需要大量资金而导致因病致贫。

目前龙谭村老年人的生活照料支持主要是由配偶、子女、亲友、邻居所提供。龙潭村老年人生活照料结构单一，以子女提供的支持为主。当老人与子女的居住距离加大时，子女与父母相处时间随之减少，老人从子女那里得到的生活照料和亲情支持也相应减少。根据观察和访谈，在龙谭村请保姆照顾老人的人家极少，只有三户人家：一户是家庭经济情况好，子女收入高；其余两户是因为老人年龄较大，子女忙于工作，无法兼顾老人生活起居。

龙潭村产业结构单一，本村青壮年不再选择务农，都想去城市、外地工作，追求自己价值的实现。人口流动使得父母与子女空间距离加大，增加了家庭养老的风险和成本。子女既要处理家务，又要从事繁重的农业或渔业生产，在客观上减少了照顾老人的精力和时间。对于那些夫妻二人结伴外出的"空巢"或"隔代"家庭，老人不仅要生活自理，还可能得养育留守儿童（张正军、刘玮，2012）。有一些在本市城区上班的，即使天天都能回家，回到家吃完饭也要忙自己的事情，陪伴老人的时间少之又少。这些子女对于给予老人的养老支持有心无力，能落实给父母的养老支持是有限的。

一是地理空间的间隔，大大增加了家庭养老难度。老年人在生活上只能靠自己，在精神上无法得到持续的情感支持。家庭成员的疏离，也使得家庭养老功能弱化。

空间的间隔，造成子女对农村老人生活照料、情感支持方面的缺位。二是虽然有一些子女会给予父母经济支持，但是根据观察和访谈，大多数老年人是依靠自己的积蓄维持生活。况且，还有一些老人反倒要给予子女经济支持，还要帮忙抚养孙辈，家庭在经济上能够给予老人的支持显得更为薄弱。

"我都是自己用自己的钱。他们要养孩子、顾家庭，不问我要钱就不错了。平时都是花自己的钱。偶尔还给孙儿们点钱、买东西。"（访谈对象2）

"媳妇要上班，又要带孩子。儿子出海，一个星期才回来一次。女儿嫁出去了，有自己的家庭，也不能经常回来。"（访谈对象3）

2. 子女推诿养老责任现象

由于老人与子女之间在思想观念和生活习惯上存在差异，子女与老人发生矛盾的频率还是比较高的。根据观察，子女与老人经常会因为生活琐事而感到不开心。子女在工作、生活、扶养儿女的各种压力之下，很难以理性的态度对待父母。随着时间推移，家庭关系问题因此而产生。

此外，子女之间利益分配不均，父母对待子女厚此薄彼、一碗水不能端平，也极易引起家庭纠纷，导致子女之间、子女父母之间矛盾重重。享受父母财产多的人认为：为什么都是父母的孩子，老人照顾轮到我头上？享受不到父母财产的子女会抱怨：什么都没得到，为什么还要出钱出力？

一些有重男轻女传统观念的老人认为：女儿始终是要嫁出去的；嫁出去的女儿，对自己的养老支持比儿子的养老支持少；儿子能在身边照顾自己，当头昏脑热时儿子能带着去看病，而女儿嫁到别的地方能回来见一面都很难；自古以来都是儿子给老人养老送终，老人的积蓄和房屋也应当留给儿子。但是这导致老人的养老有很大的问题。儿子是否能履行好养老义务，也得看儿子是否孝顺。女儿想孝顺老人，也因老人的行为而寒心。在农村地区，出现了儿女相互推诿赡养老人责任的现象。这就对老年人的养老产生巨大的影响。

"我跟我大儿子和三儿子关系不好，有矛盾；我生病在家，都没来看我，

更别说给我养老送终了；一直说我把积蓄给二女儿和小儿子了，一直吵着
要把老屋卖了，分钱给他们。我年轻时一直务农养牛。这些年人老了，干
不了活，只有支出、没有收入，更没有积蓄。我一生劳碌。他们建房，我
把牛卖了，给他们钱；还给他们把孩子拉扯大，现在也二十几岁了，一样
学他们爹娘不孝顺我。只有我二女儿和小儿子两家照顾我、孝顺我。他们
的孩子也很关心我、爱我。"（访谈对象1）

"早年，我还是有些重男轻女的。我们这代谁不重男轻女？女子嫁去
别人家，就是别人家的人。养老还是得靠儿子。但是我家老头最爱这两个
女儿。后来我女儿嫁得远远的，说我不爱她。我也后悔。近些年老伴身体
不好，她们才经常回来看看。"（访谈对象3）

3. 精神支持缺失

随着年龄的增长，老年人身体素质下降，伴随身体病痛，在缺少关怀的情况下，
老年人很容易出现消极、焦虑、抑郁等心理问题。农村老年人不再从事劳动生产后，
极易产生自己老了没用了、不仅干不了活还需要别人照顾成为别人的负担的想法，
担心在子女心目中不再像以前那么重要了。如今，很多儿女更希望有自己的生活空间，
跟父母分开生活。这造成老年人在生活上没依靠，孤单。繁忙的工作和地理空间隔
离使孩子们忽视了父母的精神世界，很少能耐心地倾听老人说什么。有的老年人失
去伴侣，就更缺乏精神寄托和感情交流。特别是不能自理或半自理的老年人，行动
不便，活动范围小，只能在家待着，更加需要子女来看望，更渴望亲情的关怀。

一些失去行动能力或者身体不适的老年人，只能躺在家里的床上，或者是坐在
家里的椅子上，望着门口，盼着子女回来看看，也盼着邻居、朋友来陪自己聊天。
由于老一辈人的迷信思想，老人生病初期，亲友会买慰问品来看望；但时间一久，
基本就不会有亲人之外的人来了。一是人们对此忌讳，二是会认为老人熬不了多久了。
生病的老人，没办法出门，也没有什么解闷的方式，就盼着子女、孙辈有时间来看
看自己、陪陪自己，对生活也没有什么盼头，还要忍受身体和精神上的痛苦，基本
上就只能在家等着归期。

身体不好的老人，都是由子女轮流照顾生活起居。子女孝顺，情况就会好一些；

如果遇到子女之间有矛盾、子女与父母感情不深的情况，老人的晚年就会很难过。老人没有什么人能倾吐心声。不少老人在这些情况下，过着难熬的晚年生活。亲情的关怀、温暖和谐的家庭氛围、尊老爱老的子孙关爱，都是老年人填补精神空虚的重要因素。

4. 邻里、朋友照料支持薄弱

俗话说"远亲不如近邻"。良好的邻里关系不仅能在生产生活和人的社会化方面起到促进作用，而且也有利于邻里之间的情感沟通、生活互助。邻里、朋友的照料支持，作为老年人照料支持的一个重要组成，当子女不在老人身边时，发挥着重要作用。但由于距离原因以及居住方式的影响，邻里交往频率降低，邻里关系趋于淡漠，对老年人的照料支持显得极为薄弱。

"远水救不了近火。住得近，的确可以帮忙，但是家家户户都是院落，你喊人家，人家关着门也不一定听得到。朋友好是好，但也不是一天到晚来照顾你，帮你的忙。"（访谈对象3）

（三）老人自身层面

1. 身体素质下降，自养支持力减弱

由于龙潭村老年人早年都从事渔业、农业生产，做繁重的体力劳动，加上当时经济条件差、生活水平较低、没有良好的卫生习惯等原因，目前老年人的身体素质比较差。在访谈时也可以看到，年龄较大的老人的身体状况普遍不好；身体不舒服，自己不太重视，多数人认为休息两天就好了，普遍存在小病硬抗、大病等死的现象；实在难忍病痛的时候，会去卫生所开药、打针，不会说去医院检查，而是怕花钱。由于经济状况和健康意识的限制，一些原本可以在早期得到控制的疾病很难得到有效的治疗，从而导致病情加重。

"我不能完全照顾好自己的生活。人老了，多多少少需要别人的帮助。
就算自己身体好，可以自己过，要是过几年腿软走不了路、没人看的话，

要是出点什么意外，跌一跤人就没了。"（访谈对象 3）

2. 消极的不健康心理状态

老年人身体素质下降，自己能做的事情越来越少，越来越感觉自己不中用了，伴侣或者身边朋友也相继离世，农村老年人的精神慰藉缺失，心里感到孤单，极易产生消极厌世的情绪和心理障碍。在漫长的日子里，他们只能忍着孤独和身体的不适。子女对农村老人心理健康的重视不足。由于地理空间的隔离，沟通只能通过打电话，忽视精神需求，更容易使老人精神空虚进而产生孤独感。

"人老了，不中用了，什么都干不了，还要麻烦人照顾。要人端屎、端尿，久了也会成为别人的负担，让别人嫌弃。老人又没人想靠近的，一身味，又不干净。"（访谈对象 1）

3. 社交娱乐方式单一

龙潭村的老年人与邻居的交往并不多。亲戚之外的交往主要是朋友。老年人的邻居给予的各方面支持都是有限的；家家户户都是院落形式，邻居之间的交往比较少。有生活困难的，多是向亲戚求助。龙潭村缺少娱乐设施和休闲场所，集体活动几乎没有。老年人在年轻时每天都是扛着锄头种地、养鸡养鸭、赶海，终日劳作，平时也没有什么娱乐休闲去处。休闲时候能做的，也就是打扑克牌、聊天、看电视。他们行动不便，社会活动单一。至于去外地旅游，他们认为这很折腾。年轻人休闲娱乐方式多元，逛街、旅行、观光，和老年人扎堆聊天、围桌打牌有着很大差距。彼此存在代沟，很难相互融合。

"我们老人又不像年轻人身体这样好，又坐不得车；你免费叫我去旅游，我都不想去。不知道有什么好玩的。现在的年轻人去唱歌、去外面吃饭、去游乐场，一次花掉几百块，浪费钱。我在家看看电视、跟老妈仔打打牌也一样。我们这辈，不像这代年轻人那么会享乐。要是可以，我最想在村里看人家唱戏，热闹。"（访谈对象 3）

四、社会支持视角下改善家庭养老的建议

城郊农村老年人作为弱势群体，家庭养老的支持系统来自亲缘、地缘关系，即伴侣、子女、亲戚、朋友、邻里。在以家庭养老为主要养老模式的农村，社会支持网络发挥着极为重要的作用。

（一）正式社会支持的构建

1. 政府层面

加快建立健全农村家庭养老关爱服务体系。一是完善农村养老体系，对农村养老保险进行扩面征缴，向老年人普及养老保险政策，减轻其晚年经济压力。大力推进农村医养、康养发展，切实在医疗方面给老年人提供支持。二是鼓励社会组织、企事业团体积极参与农村养老服务。改善农村养老服务环境；激发非营利组织的活力，组织"大学生志愿者"等看望农村老年人；鼓励民众自发成立专门的农村养老志愿服务组织，定期到村里为老年人提供服务；组建老年人协会，避免"高龄老人"生活世界的孤岛化；搭建关爱高龄老人的生活系统，增强他们的生活韧性（何倩倩，2021）。三是完善公共文化服务体系，建设农村养老娱乐场所，给老年人提供良好的娱乐休闲环境。建设老年人活动室，开设剪纸、书法、绘画、健康保健等课程，培养老年人的兴趣爱好，定期为老年人播放戏曲，消除老年人的孤独感和寂寞感。

2. 社会组织层面

现阶段，养老机构的建设和养老服务体系不够完善，服务覆盖的范围小。即便龙潭村距离市区半小时的路程，却在很多的志愿组织、养老服务机构服务辐射范围之外。当家庭养老面临困境时，更加需要其他方面的养老支持。

本地养老服务组织可以扩大服务范围，与老年人需求相结合，创新居家养老服务模式。民众、高校学生、社会团体、志愿组织，积极参加农村养老志愿服务活动，

定期到村里做公益活动，比如义务理发、打扫清洁、做活动，为农村老年人提供帮助，纾解他们内心的孤寂感。

3. 社区层面

社区应积极为家庭养老提供良好的社会支持环境。社区优化养老服务环境，对老年人的生活和精神的支持是直接、有效的。社区为村民所熟悉的生活环境，老年人会更容易接纳其所提供的支持。村委工作人员更加了解村中老年人情况，可以针对老年人需求，提供相对应的支持。社区应积极探索开展农村养老服务工作，为老年人提供上门做家务、生活照料、陪同看病、陪聊等养老服务，初步形成以家庭为基础、社区为依托的养老服务体系，尽量做到使老年人不离开原有生活环境的同时，获得必要的照料。

在精神支持方面，完善社区娱乐设施建设，给老年人提供休闲娱乐的场所，增进老年人的社交网络支持，缓解心中孤寂。定期开展助老服务，与周围的学校联合共建，带动高校学生来社区开展助老爱老志愿服务，帮助老人解决生活小难题，陪老人聊天、排解心中孤独感。

在生活支持方面，由社区工作人员组建敬老爱老小组，将联系方式制成卡片分发给老年人。当子女不在身边，老人身体不适、有突发情况、行动不便而需要购买物品时，可以拨打社区工作人员电话，寻求社区帮助。

在孝道文化宣传方面，如果孝道在一个社会中得不到提倡和认同，不能形成道德规范和社会习俗，不仅会影响到老年人的现实养老，将来老年人也难以安度晚年（张弦，2009）。社区应当大力弘扬孝道文化，通过创新宣传方式，营造尊老、爱老、孝老的良好氛围。

（二）非正式支持体系

农村老年人的非正式支持系统由来自血缘、地缘关系的配偶、子女、邻里、亲戚、朋友构成。农村社会养老保障尚未完善，非正式支持系统在养老过程中发挥着极为重要的作用。

1. 注重配偶支持

对于有配偶的农村老年人来说，配偶的陪伴是非常重要的。和谐的夫妻关系使老年人更加有安全感、幸福感。同时，如果有意外、疾病等，身边有人照顾，也不会感到太孤独。农村老年人大多数都是自我料理或者配偶照顾，所以加强配偶的支持力量对老年人的晚年生活质量有着很大的益处。

2. 加强子女支持

"养儿防老"是农村老年人根深蒂固的观念。子女依旧是农村老年人社会支持系统中最重要的组成。子女支持在老年人经济、精神慰藉、生活照料方面起着非常大的作用。一方面，农村老年人的收入非常有限，子女要承担起对老人的经济供养；另一方面，老年人由于生理退化，极易产生因身体功能衰退而引起的疾病。此外，老年人很容易因为活动范围日益狭窄、社交网络缩减而出现心理问题，子女的陪伴照顾和情感支持是最好的良药。

3. 发挥邻里、亲友的互助作用

俗话说"远亲不如近邻""好友即至亲"，邻里、亲友多走动，多关心问候，聊天、倾吐心中的苦闷，互帮互助、彼此鼓励，能够有效缓解老年人在晚年的孤独感，促进邻里关系和谐，丰富老年人的闲暇生活，提升老年人精神生活质量。同时，老年人还可以依靠邻里、亲友解决生活中的紧急问题。

（三）老人自身层面

解决当前农村养老问题主要还是要依靠家庭养老。而老人想要子女对其赡养，首先要做到的就是拥有一颗公正的心。在财产分配上，首先要做到的就是公平公正，要清楚给子女分配财产并不只是为了代际传承，同时也是为了确保下一代乐于承担养老的责任义务（燕子灵，2020）。老人对于子女尽量做到不偏心，对儿子、女儿一视同仁；与子女进行良好的沟通，减少或者缓解子女之间、子女与老人之间的矛盾与冲突。

穆光宗、淡宇杰（2019）认为"给岁月以生命"，希望老年人自己对健康和养老负有最大责任和优先责任。

发挥农村老年人的主动性、积极性、独立性、适应性，以淡然的心态面对人生。鼓励老年人调整好心态，增强自信心，积极寻找精神寄托，多做一些有趣的事情，丰富自己的生活，比如种种花草、做手工，给枯燥乏味的生活增添色彩。养成坚强的意志力和乐观的心态，养生也养心；提高自身认知能力，克服消极心理；培养兴趣爱好，提高社会活动参与率；提升医疗健康意识，小病及时治，大病不能拖。

第三节　小结

家庭养老是目前我国主要的养老方式。家庭养老支持，与老年人的晚年生活质量息息相关，与家庭的和谐、社会的稳定紧密相关。增强家庭养老功能，建立全方位的社会养老支持，为城郊农村老年人创造良好的社会养老环境。家庭养老的质量不仅与老年人自身有关，也与家人、社区、政府的支持息息相关。在家庭养老支持中，供给方和接受方不是简单的赡养关系；在家庭养老过程中所面临的经济问题、家庭关系问题、老年人的精神慰藉问题，都影响着老年人的养老质量。

基于社会支持网络视角，农村家庭养老问题不是仅靠家庭力量就可以解决的。这需要政府、社会、家庭等力量共同参与，协力解决当前农村老年人群体养老问题。根据农村的实际情况，在尊重当地风俗习惯的基础上，着眼于老年人的实际需求，切实解决老年人群体的实际问题，实现农村养老服务的可持续发展，是确保老年人老有所养的重要途径。

附件

龙潭村老年人养老情况访谈提纲

一、个人基本情况

1. 年龄　　2. 婚姻情况　　3. 子女人数

二、主干问题

您目前跟子女居住在一起吗？您的身体怎么样？健康吗？

您的经济情况怎么样？

您有购买城镇居民养老保险吗？

您与子女的关系怎么样？

目前是谁照料你的生活？

您与亲戚朋友关系怎么样？经常联系吗？

您平时都是通过什么方式进行娱乐消遣？

您感觉社会、社区对您的养老服务体现在哪里？

您希望得到什么样的养老帮助？

第四章　折翅增能：易地扶贫搬迁残疾人的社会支持网络建构路径研究

第一节　理论基础与分析框架

易地扶贫搬迁是脱贫攻坚的"头号工程"和标志性工程。截至 2020 年 12 月，全国完成了 1200 万人的搬迁工作，其中包括 960 万农村建档立卡贫困人口（谢治菊，2021），有力地推动了乡村振兴战略的实施和区域整体性贫困的解决。不过，易地扶贫搬迁中的残疾人群体，在搬迁之后却出现了社会融入等方面的次生问题和现实困境。一方面，残疾人群体搬迁之后的生活水平和生活质量都有显著提升；另一方面，原本依托家庭、邻里、亲友构建的原生社会支持网络却悄然"断裂"，赖以发展的社会资本尚未建成，从而产生诸如心理健康失调（赵燕、王平，2021）、社区融入艰难（张晨、马彪、仇焕广，2022）、文化适应困难（罗银新、胡燕、滕星，2020）等问题。因此，为易地搬迁安置社区残疾人群体建立新的社会支持网络成为贫困治理过程中尤为现实和紧要的工作。

对于构建残疾人社会支持网络的研究，有学者以治理主体为焦点，从政府、社会组织、社区、家庭、志愿者和个人等六方面来加以讨论（邱观建、安治民，2014）；也有学者以治理维度为依据，从家庭危机干预、社区服务保障和社会组织管理体系等三方面来展开研究（章程、董才生，2015）。此外，还有学者基于社会资本的观点，从内生动力、照护模式、福利供给、互助组织和志愿服务等五方面探寻构建残疾人社会支持网络的路径（张承蒙、周林刚、牛原，2020）。

一、社会支持网络的内涵

社会支持网络是在"关系网""社会支持"等概念基础上发展而来的。拉德克利夫·布朗（Alfred R. Radcliffe Brown）将社会结构认定为"社会关系网络"（徐琦，2000）。米切尔（Mitchell，1969）认为"社会关系网络"是"群体中个人之间特定的联系关系"。随着时代的发展，社会支持和社会支持网络的内涵得到了丰富，其理论基础也有了实质性的发展。国外学者对社会支持的定义主要从以下三个视角进行。一是社会资源视角。阿奇利（Atchley，1985）认为，社会支持是人们赖以满足其生理、心理和社会需求的社会关系以及支持网络中的资源交换。二是社会行为视角。库伦（Cullen，1994）认为，社会支持是个体从社区、社会网络或亲友那里获得的物质或精神帮助。三是社会互动视角。科尔曼（1999）认为，个体通过参与社会互动建立社会关系网络，从而获得网络中的资源以满足自身发展需求。我国学者对社会支持的定义也有所不同。贺寨平（2001）认为，社会支持是个人能获取各种资源支持的社会网络。张友琴（2002）认为，社会支持是个人之外的各种支持的总称，通常分为正式支持与非正式支持。梁君林（2013）认为，社会支持是范围广泛的正式或非正式的社会融合机制，注重社会资源的分享。

综合以上观点，笔者认为，社会支持是指个体或群体通过社会关系网络中不同的互动形式而获得自身生存和发展所需的资源，包括个人资源和社会资源。个人资源包含个人的认知和应对能力，强调个体获取资源的能力（内在支持）；社会资源是指社会网络中的广度和网络所能提供社会资源的程度，强调社会资源的供给（外部支持）。

在社会支持基础上引申出来的"社会支持网络"，是指一组个人之间的接触，通过这些接触，个人得以维持社会身份并获得情绪支持、物质援助、服务、信息与新的社会接触。社会支持理论认为，一个人拥有的社会支持网络越强大，就越能更好地应对各种挑战。因此，为易地搬迁安置社区残疾人构建良性的社会支持网络，不仅要依靠个体内在支持，还要依靠外在的社会支持。

二、易地搬迁残疾人社会支持网络分析框架

不少学者把社会支持放到社会生态系统中进行考察。例如，有学者运用布朗芬布伦纳（Bronfenbrenner）的生态系统理论，提出基于微观系统、中观系统、宏观系统和"时间维度"构建弱势群体的社会支持网络（田萍，2013）。也有学者以扎斯特罗（Zastrow）的生态系统理论为依据，提出由微观系统的自我支持、中观系统的非正式政策支持和宏观系统的正式政策支持，构建空巢家庭养老社会支持网络（刘晓静，2013）。还有学者提出由微观系统的照顾者本身、中观系统的照顾服务和宏观系统的文化价值取向等构建失能老人家庭照顾者的社会支持网络（刘幼华等，2020）。借鉴相关研究成果，笔者以扎斯特罗的生态系统理论为视角，把易地搬迁残疾人的社会支持网络放到社会生态系统中进行考察，从微观支持、中观支持和宏观支持三个层面加以分析，并以此建立社会支持网络分析框架（参见图4-1）。

微观支持主要分析残疾人在搬迁后获取发展的内生动力状况，强调个体对资源的获取能力；中观支持主要分析残疾人在搬迁社区获得社会资源供给的程度，强调网络资源的丰富性；宏观支持主要分析残疾人在搬迁后所面临的残疾文化情境问题，强调文化情境的支持力度。其中，个体内生动力状况，主要从自我意识、社会角色和发展能力进行分析；社会资源供给程度，主要从社区照料服务、社会资源整合和助残组织服务进行分析；残疾文化情境状况，主要从文化氛围、文化认同和公共意识进行分析。通过分析这三个层面的社会支持网络状况及困境，提出为易地搬迁安置社区残疾人构建良性的社会支持网络的路径。

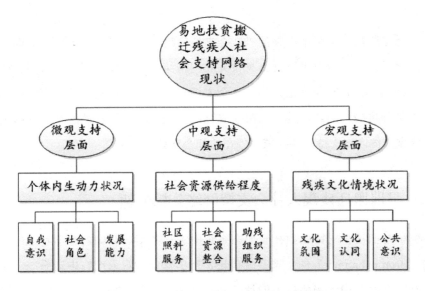

图 4-1　易地搬迁残疾人社会支持网络分析框架

第二节　研究方法与案例概况

本研究选取广西三江侗族自治县 N 安置社区作为研究场景。该县位于广西北部少数民族地区，是湘、桂、黔三省交界地，为少数民族自治县，辖 15 个乡镇（其中 3 个民族乡）。这里聚居着侗、瑶、苗、壮、汉等民族，总人口 41.8 万人，其中侗族人口占 58%。三江县民俗文化多样，尤其侗族文化深厚，比如侗族大歌、富禄花炮节、抬官人等，自古便有"千年侗寨"的美誉。三江县生态环境脆弱，石漠化、荒漠化严重；国家扶贫力度很大，但仍无法彻底解决贫困问题。于是，三江县积极推动易地搬迁工作。N 安置社区作为广西第三大、三江县最大的易地搬迁集中安置点，截至 2021 年 11 月底，安置着来自全县 15 个乡镇的 4606 户 20162 人，少数民族人口达到了 94.5%，其中有许多不同残疾类型的残疾人。

笔者以社会工作者的身份自 2021 年 5 月初开始参与三江县的"三区计划"，在三江县 N 安置社区内开展了为期三个月的社会工作服务。其间，以易地搬迁安置社区残疾人为研究对象，通过参与式观察和非结构式访谈法收集资料，分析其在易地搬迁后社会支持网络面临的困境和产生的原因。在此过程中，从易地搬迁安置社区残疾人的社会生态系统中选取了 9 名访谈对象（参见表 4-1）。

表 4-1　访谈对象概况

编号	性别	年龄（岁）	人员类别	搬迁至安置社区时限（个月）	备注
C1	男	41	易地搬迁残疾人	6	左腿先天性残疾，拄拐杖
C2	女	36	社区工作人员		
C3	女	48	易地搬迁残疾人	9	小时候腿因伤而残（轻度）
C4	女	34	残疾人家属	7	
C5	男	45	社会组织负责人		
C6	男	42	民政局工作人员		
C7	女	53	易地搬迁残疾人	14	因工伤左手残疾
C8	男	56	易地搬迁残疾人	8	轻度精神残疾
C9	男	47	社区工作人员		

一、易地搬迁残疾人的社会支持网络困境

易地搬迁残疾人，搬离熟悉的乡土社会，迁移到新的城市社区，实现了从乡土社会到城市社会的巨大转变。然而，这种转变也使他们原有的社会支持网络发生了断裂并导致一系列问题的滋生。结合前文提到的社会支持网络分析框架，笔者从微观支持的内生动力、中观支持的资源供给和宏观支持的文化情境三个层面分析残疾人的社会支持网络困境。

（一）微观支持层面：易地搬迁残疾人的内生动力不足

社会支持网络的断裂，在一定程度上反映了易地搬迁安置社区残疾人的内生动

力不足。内生动力不足，致使残疾人在搬迁后资源获取能力有限，无法获取保障其发展的社会资源，进一步加剧了社会支持网络的断裂程度，制约着新的社会支持网络的有效实现。易地搬迁安置社区残疾人在构建社会支持网络中应发挥主体性作用，但在易地搬迁后面临内生动力不足的问题，突出表现在其自我意识转变困境、社会角色转换困境、发展能力提升困境等三个方面。

1. 易地搬迁残疾人自我意识转变困境

面对新的生活空间和新事物，易地搬迁安置社区残疾人容易产生不适应感，导致其陷入自我意识转变困境，不利于实现社区融入。一是主体意识转变困境，易地搬迁残疾人还存在过往农村生活的习惯，自我意识没有从村民意识转变为市民意识，其思维仍是以往模式；二是发展意识转变困境，由于享受到了国家易地搬迁政策带来的好处，部分残疾人便因此依赖政府救助，存在"等、靠、要"的依赖思想，自我发展的内生动力不足。

> 我搬来这里（N安置社区）已经半年了，家里就我一个人。因为腿脚不利索，所以我很少出去，也不想出去，会遭人嫌弃。这里的房子高高的，出入不方便，不像我以前农村的平房，不太习惯这里。还好，有国家的扶贫政策，让我目前的经济状况好了一些。如果残疾人补贴再高一些就好了。（C1，2021年5月13日）

史亚峰、张嘉凌（2021）认为，易地搬迁群众从熟人社会进入半熟人社会甚至陌生人社会，彼此尚未完全融合，信任关系尚未建立起来，无法形成对新社区的认同感和归属感，导致很难融入社区。残疾人如何在新社区内激发自我发展的内生动力以寻找社会支持，进而增强归属感是比较棘手的问题。

2. 易地搬迁残疾人社会角色转换困境

社会角色转变的成功与否是衡量易地搬迁成功与否的重要标准之一。所谓社会角色，是与人们的社会地位和身份相一致的一整套规范与行为模式（郑杭生，2003）。

在易地搬迁后，处于弱势地位的残疾人，往往会陷入社会角色转换困境。未有效转换社会角色，仍以村民角色参与劳作，导致一些搬迁群众包括残疾人出于生产生活的需要而返回农村劳作和居住，出现"回流"现象。

> 这个社区是易地搬迁的集中安置社区，残疾人很多。由于可用的土地较少，大多数人没有多余的土地，所以有些群众包括残疾人回到农村从事种菜或养鸡养鸭等农活。有的残疾人认为，自己是残疾人，理应得到政府的帮助，所以一味地依赖政府救济。（C2，2021 年 5 月 21 日）

在安置社区，残疾人之间缺乏交流和沟通，无法有效参与社会互动，导致他们被进一步"边缘化"，社会支持进一步弱化。在传统社会认知里，残疾人被认为是资源的"消耗者"；他们几乎不参与生产，却消耗着社会资源。同时，部分易地搬迁残疾人存在弱者心理。他们认为，自己属于社会弱者，理应得到社会和政府的救助，从而存在依赖心理，导致其自我发展的内生动力不足，进一步削弱了其获取社会资源的能力。

3. 易地搬迁残疾人发展能力提升困境

易地搬迁安置社区残疾人通过社会支持网络来获取社会资源，以满足其自身发展的需要，但发展能力的欠缺，使得残疾人难以获取新的社会支持。残疾人在家庭收入、社会参与、受教育程度等方面低于整个社会的平均水平（陈功、吕庆喆、陈新民，2014）。由于缺乏获取知识与技能的渠道，残疾人发展能力受到限制，并制约着他们参与深入的社会互动和广泛的社会分工。

> 我这条腿在念小学的时候摔断了，所以就变成这样子了。自那以后，我辍学在家。我从小读书少，没什么文化，也没什么技能，很难找到合适的工作，只能依靠政府救助了。搬来这里，也有人主动和我说话，我不敢主动和其他人唠嗑。（C3，2021 年 6 月 10 日）

在安置社区，易地搬迁残疾人的社会交往能力有限，缺少社会参与，使得早已断裂的社会支持网络更加难以在短期内重新建立起来。多重困境加上多元文化的碰撞，使其对自身价值缺乏足够的认识，从而消极地参与社会互动，进一步限制了其获取社会资源的能力，减少了其获取社会支持的途径，不利于新的社会支持网络的构建。

（二）中观支持层面：易地搬迁残疾人的资源供给失调

易地搬迁安置社区残疾人既有的社会支持系统，除了个体内生动力不足之外，还存在个体需求与资源供给的结构性失调，具体表现在社区照料服务不足、社会资源整合有限、助残组织服务乏力等方面。

1. 社区照料服务不足

三江县 N 安置社区的易地搬迁残疾人，家庭类型多样，有核心家庭、主干家庭、独居家庭、失独家庭等。虽然部分易地搬迁残疾人能在家庭中得到家人的照料，但仍然无法得到有效的照料。大多数残疾人的家庭照料负担较重，既无法有效满足残疾人的照料需求，又给残疾人的家庭造成了一定的心理压力。

> 我父亲是下肢瘫痪的中重度残疾人，在床上躺着，已经有七八年了。我还有两个孩子上小学。平时我们俩（夫妻）要照顾父亲，还要抚养孩子，负担很重，觉得心好累。因为我们不是很懂得护理，所以想送他去社区残疾人服务中心。但这里是新搬迁的社区，残疾人较多，床位有限，很多中重度残疾人只能在家里进行照顾。（C4，2022 年 6 月 12 日）

由此可见，易地搬迁残疾人的家庭照料有限。而在安置社区内，缺乏有效的社区照料服务。社区残疾人服务中心和托养照料机构不足。虽然在三江县 N 安置社区易地搬迁的残障儿童得到了政府或有关部门的关注并安排了特殊学校给予一定的照料服务，但仍有一些残疾人无法享受社区照料服务。

2. 社会资源整合有限

为推进易地搬迁政策，国家投入了大量资金用于建设集中安置社区。在三江县 N 安置社区中，建设了小学、幼儿园以及一些小型超市等公共基础设施，在一定程度上满足了易地搬迁群众的基本生活需求。但对处于社会弱势地位的易地搬迁残疾人，一些对应的基础设施如残疾人休闲娱乐中心相对较少。已建成的残疾人康养服务中心、残疾人就业服务中心等，显然不足以满足残疾人的基本需求。

> 我们在评估时发现：一个旨在为残疾人提供轮椅等器材租赁服务的社会组织，在一年内并未开展过任何服务，所有器材皆被闲置。另外，我们

也发现：一些社会组织开展的服务存在重复现象。比如，针对同一个残疾人或群体，这家机构开展健康检查服务；过一段时间，另一家机构也开展同样的服务。（C5，2021 年 7 月 23 日）

虽然政府鼓励和引导社会力量参与易地搬迁后续扶持工作，但受限于社会资源整合，存在重复使用或闲置不用等资源浪费现象，突出表现在资源供需不平衡、资源分配渠道不畅通、资源利用效率较低等方面，导致部分易地搬迁残疾人缺乏社会资源，不利于其获取社会支持。

3. 助残组织服务乏力

助残组织包括官方的残联组织和非官方的助残组织，两者构成了较为完备的助残系统。但是三江县助残服务却呈现较为乏力的状况。一是官方组织服务乏力。当地残联组织的工作是在管理层面进行统筹安排，缺少深入残疾人群体中开展具体帮扶服务。二是非官方组织服务乏力。由于当地助残社会组织缺乏稳定的经费来源，其助残服务几乎空白，总体工作成效甚微。

我们县残联人手短缺，平时下发较多政策文件指导助残组织工作，走访基层比较少。而助残类社会组织，由于缺乏资金，许久未正常开展活动，成为"僵尸型"社会组织。现在我们县已没有助残类社会组织。据了解，目前全市只有几家助残类社会组织。助残类社会组织的缺乏，导致我们开展易地搬迁残疾人服务匮乏。（C6，2022 年 7 月 26 日）

以此可见，助残组织在运行过程中面临管理效率低下、资金短缺、专业性不足等现实困境，导致助残组织缺乏持续发展能力而变成"僵尸型"社会组织，最终由民政部门做撤销登记处理。这极大限制了助残组织的社会功能的发挥，无法满足易地搬迁残疾人需求。因此，培育助残组织，提高助残组织对残疾人的社会支持力度很有必要（庞文、张蜀缘，2018）。

（三）宏观支持层面：易地搬迁残疾人的文化情境缺失

良好的文化情境（Cultural context）是构建良性社会支持网络的"土壤"。只有具备良好的文化情境，才能更好地为易地搬迁残疾人提供良性的宏观社会支持。但在易地搬迁安置社区中文化情境缺失，不利于易地搬迁残疾人获取保障其发展的社会资源以实现自身价值。文化情境缺失，主要表现在文化冲突、文化震惊与公共意识等方面。

1. 易地搬迁安置社区存在文化冲突

在三江县 N 安置社区内，搬迁群众来自"四面八方"，文化传统、交往方式和生活习俗等有所不同，甚至差异较大。当这些具有明显差异性的群体通过易地搬迁而集中组成一个新的社区时，其文化冲突就会不自觉地产生。有研究表明，文化冲突一般会在社区嵌入和社区组合中大量出现（于存海，2004）。这种文化冲突既表现为个体与个体的文化冲突，还体现在不同群体之间的文化冲突，如普通搬迁群众与残疾人的文化冲突等。

> 我们家搬来这里已经一年多了，还不是很习惯这里的生活。我们是六甲人，我们的生活习俗和其他人有很大差异，经常发生矛盾，尤其是刚来那时。我们是信仰火塘文化的，每到节日会进行火塘祭祀，但搬来这里后，这些仪式无法举行。（C7，2021 年 7 月 28 日）

易地搬迁安置社区残疾人在安置社区中不可避免地受到各种文化冲突的影响，导致构建良性社会支持网络的文化情境缺失，致使其难以获得有效的社会支持。因此，调和文化冲突，弥合文化差异，实现易地搬迁残疾人内外环境的文化融合是有待解决的重要议题。

2. 易地搬迁安置社区存在文化震惊

自身固有文化与当地文化之间形成了多元文化的碰撞，往往会产生文化震惊（张海清、杨明宏，2010）。易地搬迁残疾人，往往会产生文化震惊。

> 我们之前是住在三江县的边远山村，比较偏僻。我的腿脚又不好，以前几乎很少到县城里来。刚搬来这个安置社区的时候，我们觉得很惊讶，从没见过这么多样的文化。这里的建筑文化、芦笙文化、服饰文化都极受欢迎。相比较，感觉我们的拿不出手，感觉被嫌弃，心里不是滋味。（C8，2021 年 7 月 28 日）

易地搬迁残疾人从农村贫困地区搬迁至县城安置社区，在进入三江县 N 安置社区之后，初次接触到当地的主流文化，在心理上难免会产生文化震惊，从而对当地主流文化产生差距感，不利于易地搬迁残疾人在新社区的生存和发展。因此，亟须减轻或消除这种文化震惊所带来的消极后果。

3. 易地搬迁安置社区缺失公共意识

安置社区因搬迁群众来源分散而具有共同体意识缺失等社区属性（王蒙，2020）。面对共同体意识缺失的问题，易地搬迁安置社区亟须加强文化塑造以凝聚公共意识。在三江县 N 安置社区中，由于缺乏文化塑造，无法在社区内形成公共意识。其中一个重要原因是在建设安置社区过程中注重社区的整体建造而忽略了社区内文化的塑造和公共意识的培育。

> 集中安置社区都是搬迁户，小部分是拆迁而来的，大部分是边远山区的贫困户通过易地搬迁而来。他们到这里后，还要通过抽签的方式安排楼房。从各村搬来的群众被分散开。在这个社区里，搬迁群众大多是陌生人，民俗文化多样，彼此缺乏认同。（C9，2021 年 7 月 28 日）

研究发现，易地搬迁安置社区的治理存在公共空间缺失和共同体意识缺失的风险（刘升，2020）。共同体意识的缺失，影响易地搬迁残疾人的社区归属感。对此，有学者建议通过培育搬迁群众共同体意识来增强归属感和向心力，从而实现易地搬迁群众的社会融入（董运来、王艳华，2021）。因此，亟须加强安置社区的文化塑造和公共意识培育，营造良好的文化情境，促进社会支持网络的建立。

综上所述，残疾人在易地搬迁后发生社会支持网络的断裂并导致一系列问题的滋生，其背后的根源在于易地搬迁残疾人的社会支持网络存在微观支持层面的内生动力不足、中观支持层面的资源供给失调、宏观支持层面的文化情境缺失等现实困境，不利于易地搬迁残疾人自身价值的实现。因此，亟须为易地搬迁残疾人构建良性的社会支持网络。

二、易地搬迁残疾人社会支持网络的构建路径

社会支持理论为构建易地搬迁残疾人社会支持网络提供了可行路径。基于扎斯

特罗的生态系统理论，从微观支持系统（个体、家庭、邻里）的内生动力、中观支持系统（社区、社会、组织）的资源供给和宏观支持系统（文化、制度、政策）的文化情境等三个层面进行社会支持网络的构建。通过三个支持系统的充分赋能，构建易地搬迁残疾人良性社会支持网络（参见图4-2）。

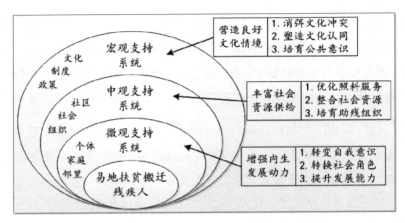

图4-2　易地搬迁残疾人社会支持网络建构模型

（一）微观支持系统：增强易地搬迁残疾人的内生动力

增强易地搬迁残疾人的内生动力需要从个体层面转变自我意识、家庭层面转换社会角色、邻里层面提升发展能力等三方面着手。

1. 个体层面：发挥教育功能，转变自我意识

自我意识影响自我行为，正确的自我意识有利于产生积极的自我行为。易地搬迁残疾人在搬迁后面临自我意识转变困境，亟须加以解决。研究表明，教育是转变农村地区残疾人思想观念、提升农村地区残疾人自立能力、减少农村地区残疾人代际贫困传递和返贫的重要途径（马俊丽、何爱霞，2021），也是农民向市民转化的有效途径。因此，转变自我意识，需要发挥教育的功能。一是通过继续教育，向易地搬迁残疾人传授知识和技能，让其认识到自我价值，从而消弭消极心理和悲观情绪等，实现自我意识的转变，促进积极行为的形成，实现市民化；二是通过个体赋能，给易地搬迁残疾人增权。增权的核心是提升能力、激发潜能。这也是残疾人教育的

最高目标（庞文、于婷婷，2011）。

2. 家庭层面：突出价值意义，转换社会角色

确立正确的社会角色，有利于摆正自己的位置。随着人民群众受教育水平普遍提高，社会文明程度也在提高；残疾人群体逐步被接纳和认可，公众逐渐认识到残疾人的价值以及助残行动的重要意义。因此，易地搬迁残疾人亟须完成社会角色的转变。而家庭支持在促进残疾人社会角色转变过程中发挥着重要作用。一是加强家庭教育。易地搬迁残疾人家庭通过家庭教育关照个体生命价值（胡世文，2021）；确立主体身份价值，实现从农民向市民的转化（谢琴，2016）。二是营造家庭文化价值。在家庭内部，鼓励残疾人自尊自信，在全社会倡导"去残疾化"，实现平等、尊重的文化价值。三是推动结构性变革。要引导残疾人转变为"资源生产者"的社会角色，实现社会资源结构的根本性变革。

3. 邻里层面：增进社会互动，提升发展能力

易地搬迁安置社区残疾人通过社会支持网络来获取社会资源以满足自我发展的需要，其中最为关键的是残疾人自身的发展能力。能力与知识和技能有关。因此，需要畅通残疾人获取知识和技能的渠道。一是加强邻里教育。通过邻里教育、就业培训和心理辅导等方式，向易地搬迁残疾人进行技能培训，提高残疾人在获取知识和学习技能方面的成效，从而提高其发展能力。二是增进邻里互动。举办以残健融合为导向的残健定向赛、残疾人运动会等活动，提高残疾人的社会参与感，促进他们参与深入的社会互动以及广泛的社会分工，从而获取社会资源和社会支持。三是组织邻里互助小组。由社会工作者招募具有同质性的易地搬迁残疾人作为小组成员，开展邻里互助小组服务；通过邻里互助小组，增进邻里互动，实现能力提升。

（二）中观支持系统：丰富易地搬迁残疾人的资源供给

易地搬迁安置社区残疾人除了面临个体内生动力不足之外，还存在个体需求与资源供给的结构性失调问题。对此，需要从社区层面优化社区照料服务、社会层面整合社会慈善资源、组织层面培育助残组织等方面着手丰富社会资源供给。

1. 社区层面：优化社区照料服务，提供多元化托养照护模式

根据《国务院关于印发"十四五"残疾人保障和发展规划的通知》（国发〔2021〕10号）要求，完善残疾人的社会保障制度，需要"加快发展残疾人托养和照护服务"。因此，安置社区作为残疾人社区照顾的基本单元，需要优化社区照料服务。一是发挥社区党组织的作用，在社区党建引领下，引导党员发挥先锋模范作用，在向易地搬迁残疾人宣传党和国家惠民政策的同时，主动为其提供力所能及的服务。二是提供多元化托养照护模式。社区可为符合条件的易地搬迁残疾人提供居家服务、日间照料等服务，以满足易地搬迁残疾人多元化的照顾需求。三是引入社会工作服务。社区要充分利用乡镇（街道）社工站，为残疾人家庭提供优质的社会工作服务，以缓解其家庭心理压力和情绪困扰。同时，引导其他居民尤其是邻里加强对易地搬迁残疾人的互助与支持，在社区内建立邻里互助小组。

2. 社会层面：整合社会慈善资源，满足多样性资源供给需求

社会慈善资源对于满足易地搬迁残疾人身体康复、心理疏导和社会参与等方面的需求具有重要意义，但社会慈善资源的缺乏阻碍了残疾人对资源的获取。因此，整合助残类社会慈善资源、丰富资源供给对满足残疾人生存和发展需求具有重要意义。整合社会慈善资源以满足多样性资源供给需求。一是实现资源供需平衡。整合社会慈善资源需要坚持以残疾人为中心，精准对接其需求，实现供需平衡，以防资源重叠或闲置而造成浪费。二是推动资源供给渠道畅通与多元化。整合社会慈善资源需要细化残疾人公共服务项目的配套设施建设和功能布局等软硬件标准，确保社会慈善资源供给渠道畅通，并推动社会慈善资源供给渠道的多元化（曲国丽、杨怀印，2013）。三是促进资源优化与合理配置。在场地、人员等方面加强资源共享，确保社会慈善资源的合理利用与优化配置，实现残疾人公共服务均等化。

3. 组织层面：培育助残组织，发挥多元化支持服务功能

助残组织包括官方残联组织和非官方的助残组织。残联组织作为官方助残社会组织，在残疾人事业发展方面发挥着不可或缺的统筹指导作用，但仍存在力量有限等问题，亟须大力培育其他助残组织，发挥多元化助残组织功能。一是培育助残类

经济组织。以经济的发展带动易地搬迁残疾人的就业，满足残疾人发展的需要。二是培育助残类社会组织。培育公益性质的助残类社会组织，为易地搬迁残疾人提供公益性支持。三是培育社会工作服务机构。发挥社会工作在输送社会福利、传递社会服务资源等方面的专业优势，解决社会福利输送缺乏人性化服务、服务不可达等问题（姚进忠、李建川，2018）。四是建立家庭类支持网络。建立以家庭为主的残疾人家庭支持网络，倡导家庭成员的相互支持。

（三）宏观支持系统：营造易地搬迁残疾人的文化情境

文化情境直接关系政治认同的道义合法性与情感支持（曾楠，2017）。面对不同的文化情境，人们能够展示符合特定文化期待的行为与感受（王亮，2022）。因此，在安置社区营造一个亲切祥和、包容接纳、富于生命情怀文化情境，对于促进易地搬迁残疾人获取文化支持具有重要意义。营造易地搬迁残疾人的文化情境，主要从文化层面消弭文化冲突、制度层面塑造文化认同和政策层面培育公共意识等三方面着手。

1. 文化层面：消弭文化冲突，促进文化融合

消弭不同群体文化冲突，弥合个体文化差异，实现易地搬迁残疾人内外环境的文化融合，是一个重要议题。研究表明，在日常交往中通过相互学习可以弱化文化冲突（廖蔚，2005）。因此，通过引导易地搬迁残疾人正确地认识自我并加强社会交往和相互学习，有利于弱化文化冲突。一方面，加强文化调节。易地搬迁残疾人的文化适应是一个相互的过程。当地居民对搬迁残疾人有一个认知、了解和接纳的过渡期。因而，在参与社会互动中，澄清易地搬迁残疾人的社会角色并加强文化调节，有利于消弭文化冲突。另一方面，加强文化交流。政府应组织举办各类文化活动，使搬迁残疾人之间以及搬迁残疾人与其他群体加深了解，增进同当地居民的文化交流，形成文化认同理念、达成文化共识、夯实文明交流互鉴基础，营造和谐的人际关系和文化氛围，促进多元文化的融合发展。

2. 制度层面：塑造文化认同，消解文化震惊现象

文化认同是凝聚共同体的精神纽带，对消解文化震惊现象具有重要作用。因此，亟须从宏观制度层面塑造文化认同，以消解文化震惊。塑造文化认同，主要从两方面进行：一是加强制度建设。通过建立健全残疾人生存和发展所需的各项经济、文化等制度，为易地搬迁残疾人的日常生活、文化交流和物质生产等提供制度保障，为塑造文化认同奠定制度基础。二是发掘文化潜力。制度与文化互为依存、相融共进。通过发掘文化潜力，推动优秀传统文化的弘扬与发展，用文化滋养助推制度建设，以制度塑造文化认同。因此，通过加强制度建设和发掘文化潜力，以优秀文化引领安置社区的多元文化，从而塑造文化认同，进而在全社会营造一个理解、尊重和接纳易地搬迁残疾人的良好文化情境。

3. 政策层面：培育公共意识，建立社区共同体

公共意识是人们对社会公共领域认识和行为的自觉性，是实现社区公共领域利益最大化的基础，对构建符合公序良俗的和谐社会、个体的全面发展有着极其重要的意义（刘慧，2015）。培育易地搬迁残疾人的公共意识，有助于增进其对国家层面的价值认同和文化认同，有助于在安置社区中形成良好的道德风尚，从而促进易地搬迁群众更加团结，最终促成社区共同体的建立。同时，完善相关政策，从而塑造积极正面的文化环境，为易地搬迁残疾人创建良好的文化情境，促进易地搬迁残疾人更好地融入社会（苏晖阳，2022）。

第三节　结论与讨论

贫困人口通过易地搬迁工程迁移到城市集中安置社区，实现了生存空间和公共服务的跨越式发展。但研究发现，伴随着从乡土社会到城市社会的巨大转变，搬迁群众尤其是残疾人原先基于血缘、地缘关系而建立起来的社会关系网络发生了分离，致使其原有的社会支持网络发生了断裂。同时，易地搬迁安置社区残疾人还面临微

观支持层面的内生动力不足、中观支持层面的资源供给失调和宏观支持层面的文化情境缺失等现实困境，致使残疾人在易地搬迁后资源获取能力有限，无法有效获取保障其发展的社会资源，其社会劣势不断累加，进一步制约着残疾人在安置社区的发展。

笔者基于社会支持理论视角，由内而外提出微观支持、中观支持和宏观支持三位一体的分析框架。该框架从个体内生动力到社会资源供给再到文化情境，体现了易地搬迁残疾人社会支持网络的三个层面：一是微观支持层面，通过发挥教育功能转变自我意识、突出价值意义转换社会角色、增进社会互动提升发展能力，以提升个体内生动力；二是中观支持层面，通过优化社区照料服务以提供多元化托养照护模式、整合社会慈善资源以满足多样性资源供给需求，培育助残组织以发挥多元化支持服务功能来丰富社会资源供给；三是宏观支持层面，通过促进文化融合、塑造文化认同、培育公共意识建立社区共同体，以营造良好的文化情境。只有由内而外，提升内生动力、丰富资源供给、优化文化情境，才能为易地搬迁安置社区残疾人构建一个良性的社会支持网络。

实质上，微观层面的个体内生动力，是易地搬迁安置社区残疾人获取社会资源的重要内在力量和源泉；中观层面的社会资源供给，是检验社会资源是否有效流向易地搬迁残疾人群体并契合其需求的一个重要指标；宏观层面的文化情境，是一个文化适应问题。易地搬迁群众面临文化适应问题，只有充分发挥搬迁群众的主观能动性才有可能尽快实现文化适应（方静文，2019）。因而，作为社会支持网络的主体，易地搬迁安置社区残疾人需要对自己有清醒的认识，只有不断增强自我发展的内生动力，提高资源获取能力，才能在社会资源分配和供给以及良好的文化情境中有效获取供其发展的社会资源，才能在良性的社会支持网络中实现自我价值与社会价值的统一。

第五章 重拾信心：残疾个案工作介入残疾人心理危机的实务研究

第一节 理论概述

一、研究背景

由于生理缺陷，残疾人在个体心理和生活的各个方面都受到了影响。残疾人的心理状态属于社会人群心理形态的一种特殊类型。他们比普通人更加敏感，更容易产生消极情绪，如抑郁倾向、自卑和孤独。如何帮助残疾人正常地生活且更好地生活一直是政府和社会关注的重要民生问题之一。

在我国，有关残疾人的法律不断出台。1990年，国家颁布实施《残疾人保障法》；2007年颁布实施《残疾人就业条例》，等等。除此之外，国家还大力发展残疾人事业。2021 年，全国省地县乡（除新疆生产建设兵团外）共有残联组织 4 万个，省、市、县全部成立残联组织，96.4% 的乡镇（街道）已建立残组织；地方各级残联组织工作人员 11 万人。总之，助残事业取得了很大的成效。但是考虑到残疾人特殊生理和心理状况的复杂性，单靠政府的力量是不够的，还需要专业人员对残疾人心理健康进行干预。社会工作者可以为残疾人提供专业性服务。社会工作的介入，不仅可以调节残疾人的心情、缓解压力、重建信心，还可以帮助残疾人恢复和增强其社会功能，提高他们应对和解决问题的能力。

二、研究意义

（一）理论意义

一方面，本研究将危机介入理论和社会支持网络理论运用于实务中，增加了社会工作理论在中国社会的本土性；另一方面，以个案工作为方法，以危机介入理论和社会支持网络理论为理论基础，介入残疾人问题当中，扩大了残疾人社会工作实务范围，促进了残疾人社会工作的发展。

（二）现实意义

残疾人群体有着独特的身心特点。对于残疾人群体来说，提供一个有效的帮助和心理支持是十分重要的。本研究将危机介入理论和社会支持网络理论与实务相结合，不仅帮助残疾人群体解决因危机、困难而产生的心理危机，还有助于其社会支持网络的增强；有效提升残疾人群体生活的信心，增强战胜困难的能力和勇气。

三、文献综述

（一）国外相关论述

1. 关于残疾人心理问题的相关研究

外国学者对残疾人心理的研究成果丰富。基于残疾人的心理学，残疾人常常有自卑感，甚至怀疑自己存在的价值。福斯特（Foster，2000）谈到了残疾会带来严重的焦虑、抑郁和其他情绪问题。霍尼（Honey，2011）指出残疾人更有可能生活在贫困中。由于某些条件限制，残疾人没有机会接受高等教育，就业困难，甚至犯罪，极易发生心理疾病。卡里尤基（Kariuki，2011）研究发现：大多数残疾人都有孤独、焦虑、自卑等心理问题。邓恩和艾菲尔（2017）指出，活动或身体功能有限的流动性可能造成的心理后果，导致一些残疾人有各种抑郁症状和问题行为。然而，许多残疾人能很好地适应他们所处的环境，一些残疾的人会有积极的反应。

2. 关于心理危机干预的研究

1943 年，林德曼开始着手研究美国波士顿的灾民和死亡者家属的适应情况。他首先从社会支持角度解释了心理应激源，指出人们应对困难或危险时的反应就是一种积极的自我保护策略，即通过改变环境使自己得到帮助的过程。1949 年，林德曼和卡普兰在对社区精神健康问题进行研究时提出了"危机干预"的概念。他们主张通过调节压力、紧张和情绪来应对危机。此后，许多心理学家和社会学家都从不同角度对这一课题进行探讨，并形成了自己的理论模式。卡普兰在借鉴林德曼的研究成果的基础上，将危机的视角拓展至涵盖整个创伤事件所构成的危机领域。他认为，生活目标的障碍是导致危机产生的根源，传统的行为模式无法克服这些障碍。林德曼和卡普兰主张以平衡和非平衡的方式为基础，强调通过短期心理治疗来缓解心理创伤。危机管理包括危机预防、危机处理和危机后重建。埃弗利（Everly）认为，危机干预中的心理服务主要着眼于降低发生急性和严重心理危机、创伤的风险，减少危机、创伤情境的直接和严重后果，促进个体从危机和创伤事件中恢复。雷特纳和贝尔金都提到危机干预的三种基本模式：平衡模式，适合早期危机干预，旨在帮助人们恢复危机前的平衡。认知模式，危机源于非理性思维的危机而非事件本身，通过改变非理性思维来控制危机。心理社会互动模式，危机不仅要从个人内部情况分析，还要考虑个人外部的一些制度。

（二）国内相关论述

1. 关于残疾人心理问题的相关研究

我国关于残疾人心理方面的研究比较丰富。宓淑芳、曹华（2009）认为：残疾人是社会中的一个特殊群体。残疾人除了与正常人有相同的心理特征之外，由于他们特殊的残疾状况而形成特有的心理特征，导致他们与众不同的生活方式和适应行为。

张晓丽等人（2010）对163名障碍大学生心理健康水平进行测评后指出：障碍大学生在人际关系敏感、烦闷、焦灼、敌对等项目上的得分均明显高于正常大学生。大学生处于青春期的暴风雨时期，对周围的事物都显得异常的敏感。

杜亚楠、邱纪芳、邢塞春（2017）对浙江省肢体残疾人的生活质量及心理健康状况做了相关调查。调查显示：肢体残疾人的残疾等级越高，生活质量越差，焦虑、抑郁越严重；残疾人由于身体缺陷，可能影响正常的工作、学习、恋爱和结婚，生活质量较低而产生焦虑、抑郁情绪。

2. 关于心理危机干预的研究

我国对危机干预的研究始于2003年，由童辉杰、杨雪龙两位学者撰写的一篇文章《关于严重突发事件危机干预的研究》，主要是从危机干预评估的重要性和干预模式特征两个方面来概览和评述国外关于严重突发事件危机干预的研究。此后，对危机干预模式的研究一直在进行，基本上都是对外国学者观点的概括，并且主要集中在心理学方面。近年来，对危机干预模式的社会工作实践越来越多，主要集中在大学生群体、灾民群体和突发事件中，试图用危机干预模式来解决现阶段特定社会群体所面临的一些突发问题。这正是危机干预模式研究实务化与本土化的趋势。

3. 关于残疾人心理危机干预的研究

针对残疾人心理危机干预，我国学者对残疾群体做了很多研究。张梦媚（2021）对民办高校辅导员做好残疾学生心理健康教育工作进行相关研究：残疾学生的性格特点主要表现为自卑、孤僻、敏感、自尊心强、倔强和自我克制等，尤以自卑心理最为突出。

金海鑫（2009）发现：肢体残疾青少年在观看电影时，通过生理和心理感知银幕上的艺术形象，激活其潜意识层面的原型痕迹，并由他们自己的经验性认知图式对那些似曾相识的形象进行整合，最终形成他们自己心中的那个形象，在他们的内心深处进行安抚。因此，无论是从生理还是从心理的层面上，电影是肢体残疾人心理干预的有效方法。

郑晓明（2010）对 40 例截肢病人创伤后心理危机干预进行研究，得出结论：截肢的事实对于病人来说是灾难性或者威胁性的打击，给病人带来沉重的心理压力。运用心理危机干预能帮助患者调动自身的应对资源，以积极的思维方式面对问题，降低由急性创伤导致的心理危机影响，从而使患者心理状态得到改善，减轻压力，提高自我效能感。

4. 关于社会工作介入残疾人危机干预的研究

相比普通人，残疾人更容易在社会融入、就业、心理方面遭遇危机。关于社会工作介入残疾人社会融入方面，刘梦琦（2021）运用专业知识与方法开展社会工作小组工作，就 X 区肢体残疾人的社会融入问题进行介入工作；通过小组工作的开展，得出结论：社会工作小组工作能够帮助组员提升个人自信心、树立正面自我认知、增进人际交往技巧，最终有效帮助组员提高社会融入的程度。殷悦（2020）对听力障碍儿童进行了研究，认为听力障碍儿童在社会融入方面面临着"弱势群体标签化"、受教育机会有限、自我效能感低下等困境。

在就业方面，张洪运（2022）选取了重庆市 B 社区残疾人就业作为研究对象，充分利用社会工作在链接资源、提升自信、增强权能、建构社会支持网络等方面的专业优势，制定合理的介入方案，开展提升就业能力的小组工作和社区活动；在此过程中根据增能理论、社会支持理论、生涯选择理论的指导，注重职业心理建设，提升残疾人的就业能力水平。

在心理危机干预方面，姚林燕、朱红芳、冯锐（2016）选取一个乳腺癌化疗后截肢患者作为研究对象。他们采用危机干预六步法模型，最终患者完成截肢手术，安全度过心理危机时期，能够以积极的态度面对截肢的现实，寻求各种资源解决问题，获得成长并重新适应生活，危机干预取得了良好的干预效果。

俞丽娜（2009）就个案社会工作在残疾人心理危机干预中的运用进行了研究，从我国残疾人现状入手，阐述了残疾人面临的心理问题，然后从情感、认知、行为以及环境等方面具体论述了个案社会工作在残疾人心理危机干预中的具体介入。

钟海欣（2019）以肢体残疾人小组活动为例，以音乐治疗方式展开，通过音乐放松、冥想、音乐手工等手段，对组员从"生理-身体""生理-情绪""社会-人际"三方面介入，对组员进行心理危机干预，使其纾缓压力，提升自我效能感，积极面对生活。

（三）研究评述

综上所述，对于残疾人的相关研究大多集中在残疾人康复、社会支持、社会融入以及就业等问题上。关于危机干预理论的社会工作实务研究，大多集中在重大突发公共卫生事件、大学生和灾民群体方面，尝试以危机干预来解决现阶段特定社会群体遇到的一些问题；对残疾人心理方面的危机干预文献相对较少，缺乏一定的实务经验。残疾人的心理问题较多，相应的心理方面的需求也较多，但是对于残疾人心理问题的干预研究还相对欠缺。残疾人群体存在比较普遍的心理问题，并缺乏倾诉与求助的渠道，应通过有效手段加以缓解。笔者以患脑梗死后遗症的残疾人为研究对象，运用危机干预理论，采用个案工作方法，帮助残疾人解决心理问题，使残疾人能正确认识自己面临的危机，接受现实，缓解残疾人无助情绪，增强残疾人生活能力和信心，完善残疾人的社会支持和情感支持。

四、研究设计

（一）理论支持

1. 危机介入理论

危机干预理论是以短期的干预介入为导向，强调运用心理分析与自我心理学的概念，向处于危机状态中的个人提供快速与短暂调适的专业服务（顾东辉，2005）。面临危机的人很容易被极端的情绪所困扰，认知和解决问题的能力下降，因此他人的帮助十分重要。危机介入模式是围绕着服务对象的危机而开展的调适和治疗工作，目的是在有限的时间内快速、有效地帮助服务对象摆脱危机的影响，因而危机介入模式注重不同服务介入技巧的综合运用。运用该模式须遵守以下重要原则：一是及时处理；二是限定目标；三是输入希望；四是提供支持；五是恢复自尊；六是培养自主能力。

本研究对象面临多重危机：一是父亲不久前去世，还未能在心理上接受这一事实；二是身患多病、半瘫，被鉴定为完全丧失劳动能力。社会工作者在了解了服务对象的情况之后，采用危机介入模式帮助服务对象完成发泄情绪任务，并以同理心帮助服务对象稳定情绪。社会工作者并不是完全帮助服务对象解决引起危机的事件，而在服务对象面对危机、接受危机、解决危机方面做出了努力。在社会工作者的帮助下，最终服务对象有信心和能力面对危机和困难。

2. 社会支持网络理论

社会支持网络理论能够为服务对象提供分析问题、解决问题的系统方法，是社会工作实务理论之一，因此被广泛地应用于社会工作实务之中。社会支持网络的构成形式主要有以下几种：一是个人网络形式，社会工作者在为服务对象提供个案服务的过程中，不断发掘服务对象的潜力，逐渐提高服务对象的自我恢复能力；二是互助网络形式，社会工作者协助服务对象与朋辈团体、同性团体等形成一个互帮互助系统；三是社区网络形式，以社区为纽带，通过调动和整合社区的各种资源与力量，帮助服务对象构建起一个完整的社会支持网络。

在社会工作实务中，使用社会支持网络的过程分为两个阶段：第一阶段是对服务对象当前的社会支持状况进行全面的、充分的评估，其中包含了社会关系网络和社会支持程度；第二阶段是基于对服务对象当前社会支持状况的分析，制订干预计划。社会工作不仅可以帮助受助者解决困难，满足他们当下的需要，而且可以帮助他们巩固、扩大社会支持网络，增强他们构建、使用这些支持网络的能力，从而实现"助人自助"的目标。

本研究中残疾人 A 出现的种种问题，不仅是因为自己身体半瘫痪而完全丧失劳动能力，还因为自己的父亲去世，与社会交往太少所导致的。残疾人 A 处于与社会隔离状态，需要外界的帮助与关注。在分析残疾人 A 的现状和需求的基础上，社会工作者明确了为残疾人 A 建立及巩固社会支持网络的目标后，再结合残疾人 A 已有的社会支持网络，为残疾人 A 增加社会支持资源，满足其心理需求，提高利用社会网络的能力。

（二）研究方法

1. 文献研究法

文献研究法是搜集和分析、研究相关文献资料，从中选取信息，以达到某种调查研究目的的方法。笔者在准备阶段搜集相关的研究成果和数据等，并通过回顾文献寻找研究切入点，同时在研究过程中补充大量文献资料，为研究奠定理论基础，也为后续研究指明了方向。

2. 访谈法

访谈法是社会研究领域常用的调查研究方法，是研究者通过与访谈对象的直接交流来获得有关社会事实资料的过程（风笑天，2014）。笔者主要用的是半结构式访谈法，拟出提纲，再根据服务对象的具体状态进行提问以了解实际情况，并做好资料收集工作，确定方案。

3. 参与观察法

参与观察法是指研究者深入到研究对象的生活背景中，在实际参与研究对象日常社会生活的过程中进行观察，是一种极为直观的实践方式（风笑天，2005）。在助残机构的工作人员的带领下，笔者接触到服务对象残疾人 A。在与服务对象的访谈交流过程中，笔者运用参与观察法对其身体状态、精神状态和居住环境有了更充分的了解。在整个的个案过程中，参与观察贯彻始终，可以更好地了解到服务对象的真实情况，使资料更具有真实性。

（三）研究对象

本研究对象是在街道社工站接到民政局转介的一名有脑梗死后遗症的残疾人。服务对象因为刚被鉴定为丧失劳动能力，情绪低落，并且在接触的过程中改变意愿较大。于是笔者采用个案工作进行介入。

（四）概念界定

1. 残疾人

我国于 1990 年颁布《残疾人保障法》，在 2008 年进行了修订。《残疾人保障法》对残疾人的定义是："残疾人是指在心理、生理、人体结构上，某种组织、功能丧失或者不正常，全部或者部分丧失以正常方式从事某种活动能力的人。残疾人包括视力残疾、听力残疾、言语残疾、肢体残疾、智力残疾、精神残疾、多重残疾和其他残疾的人。残疾标准由国务院规定。"

这个定义在概念上完全实现了由"残废"向"残疾"的转型，对残疾人范围界定也显得更加宽泛，把更多的残障人士纳入残疾人范围，从而能获得更多、更好的社会保护，有利于残疾人全面融入社会。本研究对象是一位因脑梗死后遗症而导致身体左侧偏瘫、丧失劳动能力的残疾人。

2. 心理危机

心理危机是指当人们经历突发或严重的突发事件，无法用个人常规的处理方法解决问题时发生的衰败和混乱的暂时性心理失衡（孙宏伟，2018）。心理危机具有双重内涵：一是将其视为困境和处境，这些困境和处境使人们无法有效地掌控自己的生活，无法支配自己的命运；另一是指个人面对挫折和逆境时表现出的紧张与焦虑情绪，这种情绪使个体丧失了应对困难的能力，从而影响正常的社会活动。有一种观点强调个体在面临困境时，会陷入一种"瓦解状态"，出现恐惧和悲伤的感觉，导致人们失去对生活的希望，从而产生自杀的念头和行为。从这一定义可以看出，心理危机既包括了人的正常生存状况，也包含了异常的发展状态。个体的心理健康可能会受到突发或重大的事件（如地震、水灾、空难、疾病暴发等）的影响。这些事件可能导致个体心理失衡，从而引发一系列心理危机。这些危机可分为发展性、境遇性和存在性三类。

本研究对象的主要危机：一是收到丧失劳动能力的鉴定证明书，认为自己以后什么都做不了了，没有未来和希望；二是几个月前父亲的去世，让她感到无比孤寂；三是自己的身体状况不佳，不能像正常人一样活动。

3. 心理危机干预

心理危机干预是心理治疗措施的一种，是对处于心理危机状态的个体、家庭及群体采取明确有效的措施。在危机状态下，个体无法用惯有的方式解决难题。由于危机的难以预料性，产生紧张、恐惧、悲伤等情绪以及躯体不适，甚至无法适应而做出自杀等极端行为。在危机初期，可以对个人提供情感支持，纾缓其焦虑，并引导其结合自身的实际情况，寻求可能的帮助，帮助其分析危机情景与性格之间的关系，并讨论为什么危机事件会导致一个人的心理失衡以及如何使人的心理失衡，引导个体学习新的认识方法和应对方法，对危机进行有效的处理。在危机中，可以达到完善人格、提高适应能力的目的，从而让个体最终克服困难，重新获得成功；与他人建立良好的关系，更好地融入社会（孙宏伟，2018）。

在本案例中，服务对象在收到丧失劳动能力鉴定证明后，出现了情绪崩溃、对未来生活失去信心等心理问题；通过危机干预方式帮助服务对象纾缓情绪，接受生活现状，树立生活信心，培养乐观积极的心态来面对未来生活。

第二节　残疾人心理危机的个案工作实务过程

一、接案

（一）个案来源

个案工作的服务对象主要有三类：一是服务对象主动求助的，其中大多数对社会工作及机构有一定的了解，并且改变意愿较强；二是他人或机构转介；三是社会工作者在外展活动中主动接触的。

此案例中的服务对象是 2022 年 6 月 10 日笔者所在的街道社工站接到民政局转介的。该街道社工站负责街道辖区内四个社区，其中该服务对象属于 X 社区。X 社区低收入家庭多，流动人口多，老旧小区居民多。X 社区内困难群体、残疾人较多，占社区总人口的 40%。X 社区有 200 多户低保户和 300 多位高龄老人，民政服务人数较多，服务需求量也较大。民政工作人员称残疾人 A 因为被鉴定为丧失劳动能力等原因情绪崩溃，需要社会工作者的紧急介入。社会工作者立刻前往残疾人 A 家。在第一次接触服务对象时，服务对象的情绪十分低落，表示自己不知道以后的日子该怎样过，没有未来了。经过了解，残疾人 A 是因多方事发而陷入困境，具有实务研究性，并且服务对象希望有人关心、陪伴她，改变意愿较强。于是笔者将其发展为本研究的服务对象。

（二）服务对象背景资料

服务对象残疾人 A，女，41 岁，未婚，现独居，有多重残疾，没有自主收入，继承了父亲十几万元的遗产，因此只能享受残疾人护理补贴每月 80 元，居住环境一般。残疾人 A 有脑梗死后遗症、高血压、身体左侧偏瘫等疾病，行动不便，并且日常需要服药。社会工作者在与残疾人 A 交流时得知她言语表达不够清晰、流利，与人交流时遇到想不起的适当词汇会习惯性地轻拍脑袋，与外人交流存在一定的困难。因为父亲的过世以及身体原因，残疾人 A 情绪一直都很低落，并且很少出门，几乎都待在家里，缺少与社会的联系；自称因身体原因，无法做饭，基本上都是吃快餐、喝白粥或者不进食。服务对象家庭结构如图 5-1 所示。

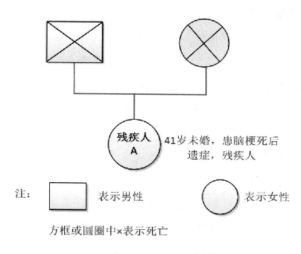

图 5-1　残疾人 A 家庭结构图

（三）接案过程

本服务对象是民政局转介的。经民政局这一中介人，服务对象对社会工作者比较信任，再加上服务对象改变意愿比较强烈，因此接案的过程比较顺利。社会工作者在接案这一阶段主要的任务是让服务对象及相关人员信任自己，同时了解服务对象的情况，并告知服务对象社会工作者所能提供的帮助，以解决当前问题，提高自我应对问题能力。

社会工作者在接到转介通知时，便向民政局工作人员了解服务对象的相关情况，并立即去了服务对象家里。这一次接触的目的就是纾缓服务对象的情绪。当时，服务对象情绪很激动。民政工作人员在安抚服务对象。由于是第一次见面，社会工作者等待其情绪稳定之后再开展行动。社会工作者在交谈中得知服务对象一天未吃饭，于是去买了快餐。之后服务对象的情绪稳定了一些。社会工作者与服务对象开始交流。社会工作者以同理和倾听等技巧询问服务对象的感受和缘由，并简单介绍了自己。在交谈中，服务对象反复表示自己没有工作、没有未来。

部分谈话内容如下：

社会工作者：阿姨，您现在好些了吗？我们给您买来了饭。您先吃饭好吗？您吃完饭，我们好好聊聊。

服务对象：好（没有推辞，吃完了饭）。

社会工作者：阿姨，我们是街道社工站的社工。我们是运用专业的方法帮助有问题需要解决的人的人员。我们刚接到民政局的通知来您这边。事发突然，我们对您的一些情况不太了解。您有什么困难，可以给我们说说吗？

服务对象（哭着）：我刚被鉴定为丧失劳动能力了，现在都没法工作了，感觉未来很迷茫，不知道怎么办才好。

服务对象（接着）：我之前在社区工作，现在没法去工作了。

社会工作者：阿姨，您别担心，要勇敢地面对。有社区和民政局的工作人员帮助您，还有我们可以帮助、陪伴您。

服务对象没有对此回应。她考虑到时间比较晚了，于是叫社会工作者先回去，并表示希望社会工作者明天再来。

这是社会工作者第一次接触服务对象，服务对象刚收到丧失劳动能力鉴定证明。这一危机事件导致了其情绪崩溃。对此，社会工作者为其植入希望，鼓励服务对象要勇敢面对。由于服务对象情绪不稳定且存在说话不流利问题，所以在这次接触中社会工作者对服务对象的情况了解有限。虽然第一次接触不是很顺利，没有建立起专业关系，但是在交谈中服务对象表示希望有人能来看她，可以看出服务对象比较孤寂且改变意愿较强。

于是，社会工作者在第二天进行了第二次的访谈。在这次访谈前，社会工作者先去了服务对象所属街道办事处及社区进一步了解服务对象的情况。

部分谈话内容如下：

社会工作者：你好，我们是对接阿姨 A 的社工。我们想了解一下她的情况。

工作人员：她呀，有些可怜。40 多岁了，还没有结婚。父亲也去世了。之前脑梗没有及时治疗，留下了后遗症，有些瘫痪了。平时很少出门，长期在家中。

社会工作者：那她目前有享受什么政策补贴吗？

工作人员：有那个残疾人重度护理补贴 80 元。之前也想帮她申请低保，但是她爸爸的遗产有十几万元，所以申请不了。

社会工作者：原来是这样。那残疾人 A 目前就享受了残疾人护理补贴政策。

工作人员：是的。你们社工可以多去看望和关心她。她一个人在家，挺孤独的。

社会工作者：好的。

在与街道、社区工作人员的交流中，社会工作者得知了更多的关于服务对象的情况：父亲去世再加上现在没法工作，多方事发而导致服务对象情绪崩溃，需要社会工作者紧急介入。于是社会工作者在与社区工作人员交谈完便前往服务对象家。鉴于昨天服务对象的状态，社会工作者又为服务对象买了盒饭。服务对象的情绪比昨天稳定了一些，也主动向社会工作者提及昨天是因为自己被鉴定为丧失劳动能力了才心情不佳。社会工作者向服务对象了解具体情况，包括服务对象的身体情况、家庭以及平常的生活状态。在交流中，社会工作者逐渐取得了服务对象的信任，并与之建立了专业关系。

部分谈话内容如下：

社会工作者：阿姨，今天感觉怎么样？

服务对象：比昨天好些了。感谢你们送来的饭。昨天是因为鉴定报告出来了。我被鉴定为丧失劳动能力了，觉得自己以后都没用了。

社会工作者：阿姨，您别这么说，慢慢恢复，总是有可能的。我从街道和社区工作人员那边了解到您之前脑梗过一次，是吗？

（服务对象点了点头。）

社会工作者：还有您父亲的事。

（当社会工作者提及父亲时，服务对象低声抽泣了起来。）

服务对象：他走了，现在只留下我一个人。我现在又是这个模样，我以后该怎么办啊。

社会工作者反思：鉴于服务对象的状态，此次服务首要考虑的就是服务对象的安全，关注服务对象的情绪变化，并且以同理心、倾听、支持等技巧贯穿全程。服务对象目前陷入困境，表示非常需要社会工作者的帮助。社会工作者为服务对象买饭这一行为取得了服务对象的好感。

二、预估及服务计划

（一）服务对象信息评估

1. 生理现状

根据与社区、民政局工作人员及其本人访谈所知，服务对象有脑梗死后遗症、高血压、身体左侧偏瘫等疾病，日常需要吃药。因脑梗死后遗症导致她行动不便，但是能慢慢地走动。

2. 心理现状

几个月前父亲离世、近日收到丧失劳动能力鉴定证明、身体患病的折磨，让她情绪低落。服务对象几乎每天都待在家里，很少出门，接触的人很少。

3. 兴趣爱好

在与服务对象的接触中，服务对象自述喜欢看侦探小说。因为自己身体的缘故，所以一般的日常活动就是用手机上网、看电视和看小说，活动形式较为单一。

（二）需求评估

1. 情绪疏导

服务对象在收到丧失劳动能力鉴定证明后，情绪崩溃，表示自己没有未来。几个月前父亲去世，服务对象还没有真正走出来。服务对象之前一般都与父亲沟通，但是父亲去世，再加上自身患病，只得一个人面对生活。服务对象的叔叔有时会来探望，但相距太远，来服务对象家里的次数少。服务对象目前独居，可倾诉对象比较少，情绪压抑，需要对其进行心理疏导。

2. 身体恢复需要，链接资源解决生活相关问题

服务对象因病半瘫，在日常生活中常常遇到问题。比如吃饭问题，服务对象目前基本都是吃快餐、喝白粥或者饿着，对其身体有一定的损害，不利于病情的好转。日常生活问题也会严重影响人的心理健康。

3. 丰富精神世界

由于身体原因，再加上父亲的离世，服务对象情绪低落，与人的沟通逐渐减少，几乎每天都待在家里。社会工作者在与服务对象的交流中得知，服务对象每天把很多时间都花在看电视和小说上，缺乏一些有益性的活动。这可能使服务对象的状态更差，增加无用感、无助感。

4. 加强社会支持

在与服务对象接触中，社会工作者发现服务对象很少外出，活动范围很小，与外界缺乏沟通交流。服务对象的社会支持严重不足，需要加强。

（三）问题预估

社会工作者主要通过访谈的方式，就服务对象的基本情况、目前所存在的问题等进行了资料收集；通过对这些资料的整理、分析，基本确定了服务对象的问题所在，为满足服务对象实际需求和之后的介入工作打下基础。

服务对象的问题如下：其一，身体瘫痪问题。服务对象的身体存在着严重问题，有脑梗死后遗症、高血压、身体左侧偏瘫等疾病，在很大程度上影响了服务对象的日常生活，还导致服务对象目前完全丧失了劳动能力。经济方面的问题突出，且身体痊愈的可能性很小，恢复之路漫长。因此社会工作者需要链接资源，帮助服务对象解决生活相关问题。其二，情绪低落，不稳定。服务对象的父亲几个月前离世，叔叔又住得比较远，身边没有人陪伴，并且自己没有劳动能力，导致服务对象难以纾缓悲伤情绪。因此，社会工作者应该及时给予情感支持，帮助服务对象疏导情绪。其三，社会网络支持不足。服务对象长期待在家里，与人交流少，社会参与不足。因此，社会工作者应该加强服务对象与亲人、朋友的联系，增加服务对象的社会支持和情感支持。

（四）服务计划

根据服务对象的现状和需求，制订相应的介入计划。

1. 服务目标

总目标：解决服务对象的心理危机，完善服务对象的社会支持和情感支持，帮助服务对象提升应对生活困境的能力。

具体目标：

①就服务对象的情绪问题进行及时疏导，稳定服务对象情绪；

②帮助服务对象走出父亲去世和丧失劳动能力的阴影，重建生活的信心和希望；

③帮助服务对象恢复身体，解决吃饭等生活基本问题；

④帮助服务对象充实生活，丰富精神世界；

⑤协助服务对象加强与亲人、朋友的联系，帮助服务对象建立社会支持与情感支持。

2. 介入计划

本案的主要服务内容是帮助服务对象解决由危机带来的情绪问题以及因残疾带来的生活问题。解决情绪问题，一是通过社会工作者以同理心、沟通、倾听等技巧鼓励服务对象走出父亲去世的阴霾，二是帮助服务对象加强情感支持。对于残疾所带来的情绪问题，主要是帮助服务对象进行康复训练，鼓励其做力所能及的事。具体的服务计划如表 5-1 所示。

表 5-1　介入计划

介入阶段	介入时间	介入地点	人员构成	介入方式	介入目标	介入内容
第一次介入	2022 年6 月 20 日	服务对象家中	服务对象、社会工作者	访谈	疏导服务对象情绪	通过交谈、疏泄等技巧帮助服务对象宣泄当前的负面情绪。
第二次介入	2022 年6月27—28日	社区养老院、服务对象家中	养老院相关人员、康复师、服务对象、社会工作者	访谈	解决生活问题，进行康复锻炼	通过询问社区内相关机构人员，帮助服务对象解决生活问题及恢复身体机能
第三次介入	2022 年7 月 4 日	服务对象家中	服务对象、社会工作者	访谈	走出阴霾，加强情感支持	通过同理、沟通等技巧帮助服务对象走出失去父亲的阴霾，鼓励服务对象主动与亲人、朋友联系
第四次介入	2022 年7 月 7—25 日	线上（微信）	服务对象、社会工作者	微信跟进	肯定服务对象所发生的变化	通过微信跟进服务对象的变化，对其努力进行肯定，不断鼓励服务对象向好的方向发展
第五次介入	2022 年7 月 31 日	服务对象家中	服务对象、社会工作者	访谈	巩固改变，准备结案	通过回顾整个服务过程，肯定服务对象所做的努力，并准备结案

三、个案工作具体介入过程

（一）第一次介入：疏导服务对象情绪，鼓励服务对象走出去

时间：2022 年 6 月 20 日

地点：服务对象家中

人员：服务对象、社会工作者

内容：社会工作者在开展服务之前，已经与服务对象有过接触，对服务对象的具体情况也有一定的了解。服务对象与社会工作者在上一次的访谈中聊得比较顺畅，情绪也稳定了许多。社会工作者按约定好的时间来到了服务对象家，看到服务对象开着门就坐在旁边。服务对象看到社会工作者进门，就哭了起来。社会工作者轻拍服务对象的背，用沟通、同理等技巧询问服务对象伤心的原因，并认真听服务对象的哭诉。服务对象表示刚才叔叔来过，但是只待了半个小时就走了，自己一个人很孤独。

部分谈话内容如下：

社会工作者：阿姨，发生了什么事？

服务对象：我叔叔上午来看我，但是只待了半个小时就匆匆走了。我一个人在家太难过，于是就哭了。

（社会工作者轻轻抚摸着阿姨的背。）

社会工作者：现在好些了吗？

服务对象（点了点头）：好些了，哭出来就好了很多。

服务对象（沉默了片刻）：我自己一个人住，没有人跟我说话，觉得很孤独。

社会工作者：阿姨，您叔叔多久来一次呢？怎么今天待半个小时就走了？

服务对象：我叔叔住得比较远，不经常来，所以来看我的次数较少。

社会工作者：阿姨，您放心，您叔叔有时间就会来看你的。如果叔叔来不了，可以在微信上或者主动给其他亲戚朋友发信息聊天。还有，就是在心情不好的时候可以转移一下注意力，做一些其他事情，比如看电视或者出门走走，晒晒太阳。还可以用写日记的方式把自己的心情或者想法写在手机备忘录里，等我们下次来的时候跟我们分享。

服务对象（小声说）：嗯。

社会工作者反思：虽然服务对象的情绪比之前稳定了许多，但是叔叔的到访和离开又让服务对象感受了一次分离悲伤，再一次发生了情绪危机。社会工作者遵循危机干预及时处理的原则，针对服务对象悲伤情绪及时给予安抚，并表示社会工作者会经常来看望她。社会工作者的到来在一定程度上缓解了服务对象因孤独产生的情绪问题。由于有社会工作者的陪伴，服务对象的心情在一定程度上好转，同意出门、不只是待在家里。

跟进计划：一是为服务对象寻找相关资源，解决吃饭等基本生活问题；二是向专业人士学习康复知识，帮助服务对象进行康复锻炼。

（二）第二次介入：链接资源，帮助服务对象进行身体康复

时间：2022 年 6 月 27—28 日

地点：社区养老院、服务对象家中

人员：养老院相关人员、康复师、服务对象、社会工作者

内容：服务对象长期待在家里，情绪低落，身体半瘫，已经对正常生活产生了不良影响。服务对象的身体状况比较糟糕，再加上未婚、父亲去世、离叔叔家远的情况，缺乏有效的社会支持。因此，社会工作者力图链接资源，帮助服务对象解决基本生活问题。社会工作者了解到社区内有一家养老院开展了居家服务。于是社会工作者在介入前先前往养老院了解服务项目，并且针对服务对象身体状况，向养老院的康复师咨询了有关康复知识。

部分谈话内容如下：

社会工作者：你好，请问你们这个养老院是不是正在开展一个居家服务？

养老院工作人员：是的。我们这个居家服务项目，包括送餐（每一份10 元钱，送餐服务费包括其内），脸部、头发、口腔等的清洁，室内清洁，辅助器具租赁，等等。

社会工作者看了服务项目详细表，认为这家养老院开设的家政服务内容齐全、价格实惠，消费水平适合老年人、残疾人等需要服务的群体，所以可以将这个服务推荐给服务对象，以期缓解服务对象的生活困扰。鉴于服务对象的身体情况，社会工作者还向康复师学习关于残疾人康复和健康养生知识。康复师对于社会工作者的做法表示鼓励，也表示如果有什么不懂的可以继续咨询。

　　了解完相关知识之后，社会工作者第四次来到了服务对象家，就日常生活和身体康复这两个主要话题与服务对象展开了谈话。

　　部分谈话内容如下：

　　　　社会工作者：阿姨，您之前说您现在有脑梗死后遗症，身体的一半有些瘫痪，是吗？

　　　　服务对象（叹息一声）：是的。那次脑梗死没有及时治疗，导致身体变成这样了。

　　　　社会工作者：阿姨，社区养老院正在开展居家服务项目。您听说了吗？

　　　　服务对象：没有听过。是什么？

　　社会工作者向服务对象介绍居家服务项目。服务对象表示自己会考虑。

　　　　社会工作者：您上次治疗，那医生有跟您说过平时护理吗？

　　　　服务对象：说过，但是最近一段时间心情很烦，都没怎么注意。

　　　　社会工作者：阿姨，您要听医生的话呀。只有好好护理，才能康复。我们也在社区养老院康复师那儿学习了一些康复知识和动作，可以帮助您恢复。相信一定会好起来的。

　　　　服务对象（微笑着）：好。

　　于是社会工作者向服务对象讲述一些基础的护理知识并做康复动作示范，叮嘱服务对象一定要定期锻炼。

　　社会工作者反思：虽然服务对象有一定的身体残疾，但是社会工作者相信服务对象通过一定的情绪疏导和身体锻炼能逐渐自主完成日常生活任务，如简单做饭、扫地等。服务对象在社会工作者的劝导和鼓励下，重视自己的身体康复。社会工作者为服务对象讲解康复知识，督促其锻炼，有效地成为服务对象社会支持网络中的一分子，增强了服务对象的社会支持网络。

　　跟进计划：督促服务对象进行身体恢复，鼓励服务对象做一些力所能及的事情，并且对于服务对象的进步及时给予肯定。对于服务对象的陪伴问题，帮助服务对象加强与亲人、朋友的联系，继续增强社会网络支持。

（三）第三次介入：关心、陪伴服务对象，加强其情感支持

时间：2022 年 7 月 4 日

地点：服务对象家中

人员：服务对象、社会工作者

内容：随着社会工作者与服务对象的见面次数增多，服务对象对社会工作者的信任逐渐增加，开始跟社会工作者分享最近的日常生活，比如自己的锻炼情况、吃了什么、做了什么。社会工作者对服务对象的改变感到高兴与欣慰，及时表扬了她。在分享时，服务对象想起了父亲，社会工作者也以同理、倾听等技巧对服务对象的思父之情给予回应。

部分谈话内容如下：

服务对象（以笑脸相迎）：你们来啦！快来坐，快来坐。

（等到社会工作者坐下后，服务对象便开心地拿出手机向社会工作者分享自己在微信里记录的信息）

服务对象（一边翻着记录一边对社会工作者说）：我最近一般都是在外面吃。这家店里的烧卤饭、米粉好吃。

社会工作者：那家店我也去吃过，真的好吃。

服务对象：有时候会上午出门走走，或者在社区里的板凳上坐坐。到了中午，在附近的餐馆里吃完饭，就会回家睡会午觉。睡完午觉，如果下午不是太热，有时会出门，但是由于怕黑，一般六点之前都会回家，还会买一些吃的。

社会工作者：阿姨，谢谢您跟我们分享！由这些记录看得出来您的变化很大。希望您能保持下去。

服务对象：嗯，之前上班早餐吃的是桂林米粉，很好吃，还与父亲一起打包回来吃。

（当服务对象提到父亲时，便拿出之前与父亲的合照给社会工作者看。服务对象此时表现得有些伤感，眼泪流了出来）

社会工作者：阿姨，每一位父亲都是爱自己的孩子的。您父亲去世，想念他是很正常的。您父亲也希望您在今后的生活中能好好的，要积极面对。

可以多与其他亲人、朋友联系，维系这些关系。

服务对象流着泪未做回应。服务对象通过一件小事就想起了父亲，社会工作者感受到了她对父亲的思念。但是父亲去世是不可能改变的事实，社会工作者建议服务对象转移对父亲的情感寄托，才能走出曾经"依赖"父亲的日子。

社会工作者：阿姨，您最近与叔叔有联系吗？

服务对象：最近他经常发微信给我。他说他看到我微信步数比较少，让我多锻炼。婶婶也发微信邀请我到她家玩。

社会工作者：阿姨，您身边还是有亲人、朋友关心和支持您的，叔叔和婶婶都很关心你。你也可以多多主动联系他们，与他们建立链接。您婶婶邀请您去她家玩。其实，您可以尝试去看看。

服务对象（有些犹犹豫豫）：嗯，过两天我坐公交车去婶婶家。

社会工作者反思：在社会工作者的鼓励下，服务对象还是能独立完成很多事情的。导致服务对象产生心理危机的事件不只是收到了丧失劳动能力鉴定证明，还有父亲的去世。这是压在服务对象心理的一块重石。当提及父亲时，服务对象的悲伤情绪还是溢于言表。对此，社会工作者给予积极的安抚和引导，同理服务对象目前的情绪和感受，并鼓励服务对象积极面对生活。服务对象的父亲离世，自己也还未婚，叔叔和婶婶也不是随时都有时间能够来看望服务对象，所以社会工作者建议服务对象主动联系可以联系的亲人和朋友，通过与其他人的情感交流来增强其社会支持。同时，社会工作者建议服务对象通过转移情感的寄托和注意力的方式，化解不良情绪。服务对象表示接受并且有改变的意愿。

跟进计划：与服务对象保持联系，了解服务对象的变化，对其变化进行肯定，不断鼓励服务对象在身体恢复以及联系亲人、朋友等方面做出进一步改变。

（四）第四次介入：肯定服务对象变化，增加服务对象信心

时间：2022 年 7 月 7—25 日

地点：线上（微信）

人员：服务对象、社会工作者

内容：社会工作者采用微信的方式与服务对象进行沟通，一方面是让社会工作者有了解服务对象的渠道，另一方面让服务对象有倾诉对象。在此期间，服务对象将自己做过的事与社会工作者——分享。社会工作者也运用支持、鼓励等技巧肯定服务对象的改变。危机介入的一个重要原则和介入步骤便是提供支持。社会工作者通过提供支持，一方面增加服务对象改变的信心，另一方面可以培养服务对象自主能力，走出危机。

部分微信记录如下：

时间：7月7日

服务对象：今天我和长辈去吃了午茶，睡觉到现在才醒，不去社区了。明天我要去婶婶家。

社会工作者：你做得很好呀，和亲戚长辈们一起。最近食欲不错哟！真替你高兴。

时间：7月8日

服务对象（笑脸）：我已到婶婶家了。

社会工作者：跟婶婶好好玩一玩，祝你玩得开心。

通过这两次服务对象的分享，社会工作者得知服务对象已经开始付诸行动来改变现状。目前服务对象能主动与社区长辈和婶婶接触，不再像以前一样长期独自待在家里。有了与外界的接触，是可喜的。针对服务对象的变化，社会工作者不断给予肯定、鼓励。这在一定程度上增强了服务对象的信心。

时间：7月15日

服务对象：（图片）猪脚，辣椒炒牛肉，青菜汤，两个菜，一个汤。

社会工作者：这青椒炒肉是谁做的呀？

服务对象：我做的（笑脸）。

社会工作者：做得真好，看得我都想吃了。

时间：7月20日

服务对象：（图片：步数显示3662）今天一上午走的。我最近都有在做康复动作，感觉身体比之前利索了一些。

社会工作者：阿姨，您真棒，继续保持下去，这样你的身体就会慢慢恢复起来。

经过一段时间的开导和鼓励，服务对象能够积极进行身体锻炼，自主完成一些活动。这些实际行动不仅可以减少生活困扰，而且还有助于服务对象身心健康恢复，回归正常的社会生活。

时间：7月24日

服务对象：今天叔叔和婶婶来我家了。叔叔给我打电话，我没听到。我一进门，他们两个人坐在我家里。我想吃西瓜，于是我就往菜市走。他们也在我后面跟着。我们一起去的。

社会工作者：叔叔和婶婶都挺关心你的。这是一件幸福的事。今天你们都聊些什么？

服务对象：聊我最近的情况。他们还说有时间就会来看我的。

社会工作者：我相信你们之间的交流会让你变得开心。

服务对象：是的。

社会工作者反思：由于这次是紧急介入的，所以介入的前阶段的目标是疏导服务对象的情绪。社会工作者把目标更多地放在了陪伴和开导服务对象上。但是在社会工作者与服务对象的接触中，服务对象会产生对社会工作者的依赖感。目前服务对象的情绪稳定了很多，所以社会工作者应该考虑适当减少与服务对象的实地接触。危机介入理论不仅关注帮助服务对象解决危机事件，还致力于培养自主能力。因此，社会工作者选择了微信跟进；在与服务对象的微信聊天中，得知服务对象正在付诸行动，向好的方向发展。锻炼身体、与亲人沟通、做饭等有意义的事成为服务对象日常生活中的一部分。这也显示服务对象的情感支持正在不断增强。

跟进计划：与服务对象共同讨论此次服务中的变化，肯定服务对象在这段时间的努力与付出，准备结案。

（五）第五次介入：巩固改变，准备结案

时间：2022年7月31日

地点：服务对象家中

人员：服务对象、社会工作者

内容：社会工作者在微信上与服务对象约定好走访时间，并告诉服务对象将要结案。在本次走访中，社会工作者询问了服务对象最近状况，并与服务对象共同梳理了服务过程中所发生的变化。

部分谈话内容如下：

社会工作者：阿姨，最近有外出吗？

服务对象：我最近去体检了。体检报告显示肌肉萎缩。医生建议我多锻炼。因此，我回家前还逛了超市，走了很多地方。基本的运动量达到了。

社会工作者：嗯，多锻炼是有益处的。

服务对象：在上海的朋友还寄过来了一箱零食。

（服务对象拿出了那箱零食。零食多种多样，多偏于有营养的食物。）

社会工作者：阿姨，你还有上海的朋友呀。

服务对象：她嫁到了上海，于是就在上海工作了，平时也很少回来，现在只能在微信上联系。

社会工作者：真替你感到高兴。你的朋友虽然在上海，但是也会时刻想着你。你们可以继续保持联系，互相给予支持。

服务对象的朋友给服务对象寄来了零食。此举动让服务对象感知到有人在关心着她。这不仅可以减少孤独感，还可以增加对生活的信心。通过这段时间的跟进，服务对象改变了很多。于是社会工作者开始与服务对象讨论服务前后的变化。

部分谈话内容如下：

社会工作者：阿姨，您现在的心情比之前好了很多。从之前长时间不怎么出门，食欲不佳，到现在可以自己出门吃东西，简单地做饭；之前长期独自在家，很少与人交流，到现在可以主动联系亲戚朋友，与他们的关系更近了一步。

服务对象：我感觉自己确实在慢慢变好，也接受了目前的生活。非常感谢你们的帮助和陪伴。

社会工作者：阿姨，您整个人现在的状态好了很多。这是您努力的成果。

希望之后能继续保持。

社会工作者反思：通过这次与服务对象交流，可以发现经过双方的共同努力，服务对象的心理危机已经得到彻底解决，社会支持也得到了加强；服务对象能够正常生活，对未来有了信心。服务目标基本达致，可以结案。

四、个案工作介入效果评估

（一）过程评估

在本案例中，经过社会工作者总共 7 次访谈介入、5 次微信跟进，用实际行动和专业担当与服务对象建立了专业关系。在整个服务过程中，社会工作者陪伴、开导服务对象，让服务对象的情绪慢慢稳定了下来并朝着好的方向发展。服务对象悲伤情绪的调节，生活态度的变化，主动与亲人、朋友联系，接受父亲去世事实和目前的处境，这些改变是社会工作者和服务对象都能感知到的。社会工作者在介入过程中始终以服务对象为中心，坚持鼓励和开导服务对象，不断增加服务对象的信心和自主性，注重对服务对象独自生活的能力培养。

表 5-2 服务对象各阶段变化图

介入次序	介入后变化
第一次介入	经过接案过程和此次介入，服务对象的情绪从悲伤逐渐转向了平稳，而且愿意听从社会工作者的意见，打算出门活动，从长期闭门在家到走出去
第二次介入	经过社会工作者的劝导与鼓励，服务对象由对身体懒怠开始对自己的身体重新重视起来，答应社会工作者进行康复锻练
第三次介入	通过社会工作者的开导，服务对象从之前对父亲避而不谈到能与社会工作者谈论其父亲，逐渐接受父亲去世的事实，并且愿意主动与亲人、朋友联系
第四次介入	服务对象从消沉的生活状态到能自己做饭，进行康复锻练，与亲人、朋友联系，社会支持大大加强
第五次介入	服务对象从对生活迷茫到现在能接受现状，并且对此保持乐观的心态，相信自己可以好好生活

（二）个案目标实现评估

本次服务的总目标是提升服务对象的社会支持和情感支持，帮助服务对象提升应对生活困境的能力。服务结束时，服务对象主要有以下变化：服务对象的情绪问题得到了及时的疏导，心理状况有很大变化，较为稳定，不会随时崩溃大哭，脸上慢慢有了笑容，非常乐意与社会工作者分享自己的开心事；经过社会工作者给予服务对象的建议和鼓励，服务对象能够自己解决吃饭等基本生活问题，身体有一定的恢复，并且能坚持下去；社会工作者鼓励服务对象主动联系亲人、朋友，协助服务对象完善社会支持和情感支持。

（三）服务对象满意度评估

社会工作者在服务结束之后，制作服务对象满意度调查表，通过此表评估社会工作者的介入服务。服务对象对本次服务的总体评价是非常好，认为本次服务在生活适应和情绪辅导两方面对其帮助比较大，使其情绪稳定了很多，能够面对生活困难，接受目前的状况；能主动联系亲人、朋友，并与他们保持联系，不再像以前那么孤独，感觉生活有了意义，对未来有了信心。服务对象满意度如表 5-3 所示。

表 5-3　个案服务对象满意度评估表

评估指标	非常满意	比较满意	一般	不满意	非常不满意
总体评价	√				
服务内容	√				
服务态度	√				
服务专业性		√			
解决问题	√				

（四）社会工作者评估

经过社会工作者的帮助，服务对象的变化很大。在介入前，服务对象情绪崩溃，时常感到孤独，对生活失去信心；介入之后，服务对象的情绪稳定了很多，也会主动与亲人、朋友联系，对自己也变得负责了起来。

（五）督导评估

服务对象在社会工作者的帮助下情绪逐渐好转，服务目标基本达成，但是今后经济来源问题，还是需要社会工作者帮助服务对象共同面对，可以找机会与服务对象就未来生活的计划进行讨论。同时，社会工作者做好回访工作以审视个案工作的持续效果，尤其是服务对象的社会融入和社会功能恢复方面，并做出相关安排。

第三节　结论与反思

一、结论

（一）残疾人在面临困难时易发生心理危机，产生无力感

作为弱势群体，残疾人在生存发展、求学就业、社会参与等方面面临许多困难，容易发生心理危机。对于发生心理危机的个人，亲人、朋友、社会工作者以及社区乃至政府都应该给予高度的关注，提供有效的服务帮助其度过危机，重拾对生活的信心。

（二）危机介入理论对于介入残疾人心理危机具有指导意义

本研究的服务对象发生心理危机。社会工作者遵照危机介入理论及时处理、提供支持、培养自主能力等原则，给予服务对象及时的情绪安抚，并且帮助服务对象接受了父亲去世、自己丧失劳动能力的事实，最后提高了对生活的信心，勇敢面对困难。

（三）社会工作介入残疾人问题具有优势

在对残疾人 A 进行介入的过程中，社会工作者始终坚持以服务对象的需要为出发点，本着助人自助的思想。总体而言，社会工作者的介入有其自身的优势，也获得了良好的效果。社会工作者遵循尊重、温暖、同理、倾听等原则和技巧，获得了服务对象的信赖，成功地开展了服务；秉持危机介入理论和社会支持网络理论等专业理论有效解决了服务对象的心理危机，帮助其增强了社会支持网络。社会工作者的介入，有效地满足了服务对象的需求，解除了服务对象的困扰，使服务对象树立解决生活困难的信心。介入效果得到了服务对象的认可和好评，基本实现了改变的专业目标。

二、反思

（一）社会工作者应该提高自身专业能力和素质

笔者在参与真正的危机案例时，发现了自身的很多不足，影响了个案开展过程。在具体的实务开展过程中，需要准确把握服务对象的问题所在，并且针对服务对象的独特性采取相应的介入措施是十分重要的。所以，社会工作者不仅要在平时中认真学习理论知识，还需要利用实践机会及其他时间开展实际操作，不断积累自身的知识库和实务经验。

（二）社会资源链接有限

本案例的服务对象是一位未婚残疾人，丧失了劳动能力，目前无法通过劳动来获得经济来源，而且服务对象又经历了父亲去世，失去了"依靠"。虽然服务对象有十几万元的存款，但是不能一直靠存款过完一生。当前服务对象仅享受残疾人护理补贴，没有可靠的经济来源。对于这种情况，社会工作者并没有有效地找到资源解决服务对象的就业、经济问题。这是在本次服务之后需要跟进之处。另外，解决服务对象吃饭、身体康复，也只能链接到有偿的服务和康复知识分享。

（三）危机介入理论对于解决残疾人心理危机的必要性

危机或者挫折，是每个人都会遇到的。当人面对危机时，会产生各种不同的反应和结果。有的人会调适自己的身心状态，找到解决危机的方法；有的人未能找到应对挫折的办法，导致身心疲惫，从而发生心理危机。在应对危机方面，残疾人比普通人更需要勇气和能力。危机介入，目的在于帮助人们处理不可应对的危机情势，提供可用的资源，避免人们受到进一步的伤害，最终帮助人们恢复至危机前的良好状态，并在此过程中促进其成长，提高其能力。在此案例中，残疾人 A 在收到丧失劳动能力鉴定证明之后，加上自身瘫痪情况和父亲的去世，产生了强烈的无力感，因而发生了心理危机。社会工作者正是运用危机介入的方法纾缓残疾人 A 的低落情绪，给予了希望与陪伴，从而解除了残疾人 A 的心理危机。如果没有采用危机介入的方法，那么服务对象将会产生不可预料的后果。因此，危机介入理论和方法对于解决残疾人心理危机是十分重要的。

（四）社会支持网络理论介入残疾人问题的有效性

社会支持网络理论主张帮助服务对象建立和增加社会支持网络来应对困难。残疾人 A 不仅因瘫痪而丧失劳动能力，还因父亲去世而缺少重要的支持。所以社会工作者需要帮助残疾人 A 解决心理危机，还需要帮助残疾人 A 加强社会支持网络，从而增强残疾人 A 面对困难的信心和能力。社会工作者针对服务对象的社会支持情况，鼓励其主动与亲人和朋友联系，肯定他们对于服务对象的价值。正是因为如此，服务对象得到了关心、陪伴和支持，积极面对生活。

三、建议

（一）政府应积极出台与残疾人相关的政策

作为弱势群体，残疾人需要有确切适宜的政策法规来保障他们的正常生活。物质是生活的基础。残疾人有其特殊的心理和生理状况，在获取物质资料上同正常人相比在一定程度上处于劣势。社会是不断向前发展的。只有不断出台相关政策才能保障残疾人的权益。这就需要政府有敏锐的眼光。另外，社会工作也应得到大力发展，尤其是在解决弱势群体的制度安排中，政府应科学地调动部署社会工作，以便社会工作发挥其应有的作用。

（二）社会工作者应总结经验，更好为残疾人群体服务

发展社会工作不仅要学习先进的理论知识和实务方法，还需要根据自身所处环境的独特性创新发展。无论是针对残疾人群体，还是针对其他群体，要想发挥社会工作作用，必定要对所处环境的政策、社会风气、问题现状等进行分析并制定相对应的措施。残疾人群体庞大，问题和需求种类多。如何满足个性化需求，解决不同问题，需要社会工作者不断对残疾人问题进行实务、理论研究，形成适合本土残疾人问题的解决方案。

（三）倡导关爱残疾人的社会风气

济贫助残是中华民族的传统美德，是建设和睦社会、文明社会的重要内容。中华民族向来都有向往和谐的美好意愿。希望全社会都能理解残疾人，关爱残疾人；每一个人都能伸出自己关爱的手，奉献自己的爱心，让每个残疾人都能感觉到人间的温暖。

第六章 携手陪伴：丧偶老年人负性情绪
消解的个案工作介入

第一节 理论概述

一、研究背景

2020 年第七次人口普查数据表明，我国人口年龄结构正在发生着诸多重大变化。总人口中，年龄在 0—14 岁之间的儿童、年龄在 15—59 岁之间的劳动人口、60 岁及以上的老年人口所占比例分别为 17.95%、63.35% 和 18.7%，而年龄在 65 岁及以上的人口则占据了 13.5% 的比例。从全国来看，人口老龄化速度加快。在我国人口年龄结构向老龄化发展的过程中，60 岁及以上老年人口数量首次超越了少儿人口。这成为一个标志性的节点。人口老龄化是人类社会经济活动中出现的一种普遍趋势。根据 65 岁及以上人口在总人口中所占比例的不同，将其分为三个阶段：7% 代表进入老龄化社会，14% 则代表进入中度老龄化社会，20%—21% 则代表进入深度老龄化社会。

人口老龄化是一个世界性现象，并随着工业化和城市化进程而不断加剧。这不仅是经济社会发展的必然趋势，更是人口再生产模式从传统型向现代型转变的必然结果，可谓是社会现代化的一个重要表征。随着我国人口出生率和死亡率下降，老年人口数量迅速增长，人口老龄化问题日趋严重。随着时间的推移，我国人口年龄结构已经出现不可逆转的老龄化趋势。这一趋势成为影响我国经济社会长期可持续发展的最基本国情。

人口老龄化将给社会带来巨大挑战和压力，但同时又为经济社会的进一步发展提供机遇与动力。随着时间的推移，每个人都不可避免地生活在一个人口老龄化的社会中，"年轻"的社会已经成为过去。因此，研究人口老龄化问题，必须首先明确人口老龄化及其后果。人口老龄化所产生的影响是全面而深远的。因此，研究老龄化问题不能仅仅局限在人口学范畴。老龄化的认知和应对策略在一定程度上取决于对老年人和老龄化现象的明确定义，而老龄政策的本质和内涵也取决于对老年人和老龄化现象的准确定义（彭希哲，2023）。

二、研究的目的及意义

（一）目的

老年社会工作旨在运用社会工作专业理论和方法，协助解决老年人在物质和精神生活方面所面临的各种困难，从而促进他们生活质量的提高。我国人口老龄化程度不断加深，社会对养老问题日益重视。老年社会工作的根本目的是"老有所养、老有所依、老有所敬、老有所学、老有所为、老有所乐"（彭思扬，2022）。丧偶老年人作为一个特殊的社会群体，因其年龄较高，在心理上容易产生孤独无助、自卑感强以及抑郁、焦虑等负性情绪，对他们自身及子女都会带来负面影响。老年人在现实生活中常常受到疾病、意外等多种因素的影响，因此在家庭中出现丧偶老人的概率并不罕见。

因此，消弭这些负性情绪，可以有效地缓解他们的负性情绪，提高他们的幸福感和获得感，有助于促进他们的身心健康，同时也有助于建设和谐社会，推动社会主义精神文明的发展。

（二）意义

1. 现实意义

在为老年人群体提供心理健康支持服务的同时，为丧偶老年人群体提供社会工作介入服务模式，以缓解其负性情绪。这是一种值得借鉴和参考的模式。通过对现有研究成果进行分析，有学者提出了基于"心理资本"理论的社会工作介入策略；协助老年人转变对事物的思考方式，引导他们自觉、有意识地关注正向、积极面，增强对负性情绪的调节能力，促进老年人身心健康、自我发展。

2. 理论意义

透过对老年人负性情绪问题的深入探究和分析，再进行个案介入，不仅可以为老年人提供了理性情绪治疗方面的心理健康支持服务，也为老年社会工作实务的实践提供了理论指导。

三、国内外研究现状

丧偶老年人的问题越来越成为老年人研究的热点议题。学者对丧偶老年人的研究角度较为多元，主要集中在以下几个方面。

（一）国内外关于丧偶老年人的研究

在国外，对于丧偶老年人的研究主要聚焦于性别、丧偶阶段、身心健康等方面，并强调了积极参与活动、关注子女的重要性。

从性别差异的角度来看，莱恩（Ryan，1989）发现丧偶对男性的生活所产生的影响远远超过女性，而老年人最有益的生活方式则与配偶共同生活。在对 44 位丧偶女性进行的研究中，帕克斯（Parkes，1964）发现，丧偶后 6 个月内患病的概率是平常时期的两倍，且对心理健康的影响更为显著。伯恩（Byrne，2022）的研究表明，丧偶后老年男性自杀的风险显著增加。因此，对于丧偶老年男性而言，自杀意念的常规询问应被视为一项特别关注的议题。根据詹克（Janke，2020）的研究，丧偶老年人在过渡期间积极参与社会活动，可有效降低其情绪低落的风险。

在国内，对于丧偶老年人的研究主要聚焦于当前他们所面临的主要问题和风险，以及这些问题所带来的影响，同时也关注到一些干预措施。

袁嘉颖等人（2020）从乡村振兴的视角出发，认为丧偶老年人所面临的主要难题在于物质、精神、养老保障和再婚等方面，提出了从乡村人口回流、乡村组织振兴、乡村产业振兴和乡村文化振兴等角度出发，为改善丧偶老年人的晚年生活提供可能的方案。李春国等人（2014）认为，丧偶老年人的心理问题主要源于幸福感的缺失。这一现象导致了他们的生活质量普遍偏低。因此，研究老年人心理健康与家庭支持之间关系对于改善和提高丧偶老年人的生活质量具有重要意义。

向楠（2018）的研究表明，相较于那些通过社会服务进行日常照料的高龄丧偶老年人，他们的家人能够获得更大的满足感。张双姣（2015）在研究针对丧偶老年人的干预措施时，发现老年人的独居、自理能力、性别、慢性疾病以及社会参与等因素均对其抑郁产生重大影响，因此建议提供相应的心理干预和健康教育。余玉善等人（2018）经过分析数据发现，老年人的孤独和抑郁等负性情绪可以得到一定程度的缓解。这要归功于社会支持，尤其是来自子女的支持。这些支持能够提供一定的心理抚慰。

（二）国内外关于丧偶老年人负性情绪的成因的研究

目前，国外对于丧偶老年人负性情绪的成因的研究主要聚焦于客观因素（如丧偶事件、经济状况和居住方式等）以及主观因素（如睡眠质量、性格特征和老龄观念等）。

根据匿名作者（Anonymous，2017）的研究结果，丧偶老年人的睡眠发生了严重的中断，而那些睡眠质量较差的老年人则更容易出现负性情绪，如抑郁。丧偶老年人与家人之间缺乏有效交流，导致其对外界环境变化不敏感，从而产生消极的情绪体验。

贝尔彻（Belcher，2020）指出，丧偶老年人在社会中被隔离，这可能会导致他们感到孤独无助。研究表明，丧偶老年人与家人之间缺乏有效的沟通交流，是造成这种负性生活事件的主要原因之一。有学者强调，沟通机制和社会网络支持对于负性情绪的影响是不可忽视的因素。哈佛大学心理学家戈尔曼（Goleman，1995）提出了"情绪智商"的概念。该概念指的是个体在自我意识、自我管理、自我激励、人际关系和同理心等方面的能力。丧偶老年人在面对孤独时，更多采用消极的方式应对负性情绪。

因此，对于丧偶老年人负性情绪的根源，个体的自我认知、情绪处理和克服困难的潜能、积极与人交往以及通过社会参与缓解负性情绪等因素，也是至关重要的。

我国学者对于丧偶老年人负性情绪，主要从其个人特质和外在支持两个方面进行归因，以期深入探究其根源。

在个人层面上，陈华峰（2012）的回归分析表明，老年人经历丧偶事件本身具有增加老年人产生负性情绪的概率。周琴（2021）研究发现，在北京农村，女性丧偶老年人的抑郁风险与其经济状况、独居情况以及自理能力密切相关。通过对丧偶初期老年人负性心理的干预效果进行观察和分析，郑燕（2020）得出结论：老年人是否进行有效的沟通干预，是影响其负性思维和心理压力产生、缓解的重要因素。丧偶老年人的孤独、痛苦和哀伤情绪无法得到缓解，是由于他们缺乏自我支持、家庭支持以及邻里支持等重要因素所导致的。

（三）国内外社会工作介入丧偶老年人及其负性情绪的研究回顾

在国外，针对丧偶老年人的干预措施主要包括心理调适、社交交往和社区工作等三个方面的干预措施。

国外关于丧偶老年人心理健康研究的相关理论，包括社会认知模型、家庭功能模式和整合资源理论等。从心理干预的角度来看，诺姆·奥罗克（Norm O'Rorke，2004）认为，丧偶者的适应过程主要涉及对生命、死亡和生活压力的态度和看法。

这些因素共同塑造了他们的心理状态。在丧偶老年人适应新生活的过程中，积极的心理干预是至关重要的，其中子女的支持也是一个重要的方面。

通过对子女对丧偶老人心理调整情况的纵向分析，哈瓦哈（HwaHa，2010）得出结论：在老人丧偶后的3个月内，子女的积极支持可以有效地减少老人的抑郁症状，而在3个月之后的积极支持则效果不佳，但子女的消极支持则会导致老人更多的抑郁症状。

根据梅根（Megan，2005）对148位丧偶老年女性进行的社会交往干预调查发现：社会交往对丧偶老年人适应新生活非常重要。社交活动对于丧偶老年人适应丧偶生活具有重要意义。其中，丧偶老年人通过加入俱乐部、聊天、志愿活动、日常锻炼及园艺等方式逐步走出丧偶困境，适应社会生活，极大地减轻了抑郁。因此，老年人在丧偶后，通过积极参与各种社交活动，可以获得更多的社会支持，从而更好地适应新的生活环境。本研究表明，丧偶老年人的社会交往存在一定问题，需要进一步加强这方面的研究。

近几年随着社会工作服务领域的扩展和本土化的不断发展，国内针对丧偶老人的社会工作干预研究也越来越多。

一是针对丧偶老年人的个案介入。我国学者对丧偶老年人的介入研究早期侧重于心理层面。随着社会工作在老年人群体中的实务经验越来越丰富，许多学者开始致力于采用社会工作专业方法对丧偶老年人进行干预。从个案介入来看，主要集中在丧偶老年人哀伤辅导、心理调适、生活适应、抑郁状况等方面。卢茜（2015）主张从问题视角向优势视角转变，审视丧偶老年人自身的优势资源，并通过社会工作者介入，与老人互动，激发他们的潜能，从而缓解他们的负性情绪。吕晓璐（2019）主张，对于丧偶老年人的消极状态和生活失序，应该从丧偶的不同阶段入手，采取相应的干预措施。

二是小组合作的层面。赵丽丽等人（2005）认为互助小组可以缓解丧偶老年人的负性情绪、增强其社会互动，并克服人际交往障碍，指出小组工作可以帮助丧偶老人建立家庭联系、改善人际关系、提升自我效能、促进自我实现。全文琦（2018）主张成立互助小组，以缓解丧偶老人的负性情绪，促进其社交互动，并克服人际交往障碍。

三是社区工作的层面。何艳芝（2016）强调，为了满足丧偶老年人的物质和精神需求，社区应该提供多元化的主体协同介入，并由政府给予财政支持。同时，社区应该关注丧偶老年人的活动参与、子女的关注，社会工作者也应该提供专业服务，但应该倡导环境的改善。为了适应新的生活，丧偶老年人需要转换角色，加强人际交往，激发内在潜力。此外，还有学者从社区支持网络的角度探讨了丧偶老年人心理和情绪调适的必要性，以促进他们的身心健康，改善生活质量。

（四）国内外研究现状的文献评述

综上所述，在丧偶老年人所面临的问题、产生的影响以及干预措施和建议等方面，研究涉及心理学、社会学、人口学、社会工作等领域，干预方式也从个人介入逐渐向与外部环境和力量相结合转变。而社会工作者在对丧偶老人干预的需求和问题进行分析时，更加注重采用差异化和整合视角的介入。

目前关于发挥丧偶老年人自身优势及家庭成员的影响对于消解负性情绪研究尚存在进一步提高的空间。笔者立足于已有研究基础，通过优势视角理论、系统理论并基于个案实际，探索社会工作在介入丧偶老人负性情绪消解中可以发挥的创造性空间。

四、研究设计

（一）概念界定

1. 丧偶老年人

丧偶老年人是指 60 岁及以上因配偶去世而独自生活并需要照顾的人群（赵雅恒，2013）。他们更愿意与年轻人一样，享受着现代社会所带来的快乐与自由。夫妻二人相伴终生，年轻一代的生活多姿多彩，甚至一个人也能散发出独一无二的光芒。在这个过程中，年轻人与老年人共同经历了一段难忘的时光。然而，随着时间的推移，老年人的人生舞台逐渐变得狭小，他们的精力已无法用于追求全新的世界和生活方式。于是，他们的情感需求更加强烈了，更希望能够与自己所热爱的人一起度过晚年。因此，在这个时刻，伴侣的作用显得尤为突出，两个人可以相互陪伴。他们原本是恩爱夫妻，但随着年龄的增长，由于身体素质、性情和环境的差异以及各种因素的影响，导致夫妻在离开人世时都有所不同。这就是所谓的"空巢老人"——没有配偶或与配偶分居多年的老年人。在两位最亲密的人之间，时间的错位是不可避免的；一旦出现，就会给逝者带来巨大的痛苦，甚至可能导致疾病缠身和精神恍惚。这就是所谓的"时间差效应"。这种现象是很普遍的。几乎每个人身边都存在着此类人群，而且随着年龄增长也越来越多。根据一位医学专家的分析，这一类人群的免疫水平仅有普通人的十分之一，若无法适应并调整，将会导致多种疾病的发生，甚至可能危及生命。

2. 负性情绪

在心理学上，将导致身体产生不适感并对身心造成伤害的不积极情绪体验称为负性情绪，抑或称为负面情绪。此类负性情绪甚至会影响人们日常工作和生活（任淑华，2021）。老年人群体在本研究中所经历的情绪体验主要源于身体状况的不佳，包括但不限于烦躁、难受、担忧、恐惧、紧张、恐惧和不安等负性情绪。

3. 老年人负性情绪的表现

（1）认知层面

老年人对自己的行为和态度缺乏正确评估和反思能力。当老年人产生负性情绪时，他们所持有的认知倾向往往是消极、负向的。他们会习惯性地忽视生活中人和事的积极方面，过分纠结于想象中的绝对化，甚至是糟糕至极的"危险"。由于老年人生理和心理的老化，使其在应对负性情绪时往往会出现一些偏差或失误，从而导致情绪的失控与失衡。

（2）情感层面

这些负性情绪大多源于自身生理和心理上存在的不足，以及社会环境中不完善因素导致的不良后果。老年人的负性情绪，包括但不限于烦躁、不适、忧虑、惊恐、紧张、惊恐、不安等。这些负性情绪可能会对老年人身心健康产生负面影响。由于老年人在生理上存在一定缺陷或疾病状态，因此在面对外界刺激时会表现出不恰当的反应方式，即所谓的"病态"行为。负性情绪的产生与之相对应。然而，负性情绪源于他们对自身和他人身体状况的过度焦虑。这种焦虑形成了一种不合理的认知，从而导致了他们产生负性情绪。因此，要积极地对待老年人的负性情绪问题，帮助其克服不良心态。研究发现，城市社区老年人的负性情绪并未达到导致心理疾病的严重程度，但他们普遍存在轻微的负性情绪。负性情绪的涌现不仅会给个体带来身体和心理上的不适，同时也是身心健康恶化的最直接原因，严重时还会扰乱身边人的正常生活秩序。影响老年人产生消极情绪和行为的因素，主要包括家庭关系、社会支持以及自身健康水平等三个部分。

（3）行为层面

随着老年人情绪的负面变化，其行为也会出现相应的转变。在日常生活中，他们常常会因为一些小事而与家人发生口角，甚至还可能因此而引发矛盾冲突。老年人身体状况欠佳时，常常会出现食欲不振、失眠等症状。因此，在日常生活中，应该格外关注老年人的健康问题。此外，偶尔会出现头痛和其他身体不适症状，给他们带来不适的感觉。有些身体状况良好的老年人非常注重养生，会优先选择食补，并在此基础上调整饮食，力求选择对身体健康有益的食物。他们更愿意购买一些具有保健功能的食品来补充营养。他们更愿意为自己购买一些性价比高的药物和保健品。在药效显著的情况下，即使价格上涨，他们也毫不吝啬投入金钱；只要符合身体健康的标准，并且在经济条件允许的范围内，他们都会乐意购买。

（二）理论依据

1. 系统理论

系统理论是关于研究综合系统或子系统的一般模式、原则和规律的理论体系。系统是由各部分（要素）组成的具有一定层次和结构并与环境发生关系的复杂整体。其功能取决于组成部分以及这些部分之间的相互关系。系统理论认为，人类社会是复杂的大系统，相互交叉，彼此渗透，形成错综复杂的网络。社会系统就是整体大于部分之和的社会组织，系统的每个部分与其环境相互作用形成稳定的社会秩序。

个人是社会系统中最小的系统单位，而生命个体更是一个严密有序的复杂系统（马凤芝、陈海萍，2020）。

基于系统视角的社会工作注重个人的整体性和完整性，强调整体环境中完整的人，强调社会系统特别是家庭系统在塑造和影响人的行为及生活状态中重要作用，注重运用社会资源——包括正式和非正式的社会网络资源来帮助人们解决问题、满足需要。

2. 优势视角理论

优势视角理论发端于 20 世纪 80 年代。这一理论强调人类精神的内在智慧，强调即便是最可怜的、被社会所遗弃的人都有内在的转变能力。优势视角是将传统的看人看事的角度加以调适，帮助那些正在受伤害的人。这一理论的特点是发掘、利用案主的优点，有助于帮助案主形成积极的、正面的心态（赵明思，2013）。

本研究运用优势视角理论，将研究对象视为具有优势的个体而非有问题的个体，在干预过程中通过发掘研究对象在个人技能的优势，整合研究对象周边可以利用的资源，激发积极因素，帮助研究对象缓解负性情绪。

（三）研究内容

在老龄化日趋严重的背景下，本研究旨在探究丧偶老年人的心理和情绪问题，采用访谈、量表和参与观察的研究方法，以优势视角理论和系统理论为指导，进行个案工作介入，旨在帮助丧偶老年人改善心理状态，缓解负性情绪，提高生活质量；针对丧偶老年人所表现出的负性情绪，以及导致其产生负性情绪的影响因素等，结合个案服务介入的总体情况，提出可行的对策和建议，以帮助更多的丧偶老年人促进身心健康、安享晚年生活。

（四）研究方法

1. 访谈法

访谈法主要适用于整个个案服务流程，包括前期的案例接收、个案介入会谈、访谈评估以及事后跟进等四个关键环节。此外，研究者采用访谈的方式了解服务对象的基本背景资料、问题事件以及自身需求等相关信息，并通过个案会谈的方式协助服务对象摆脱当前所面临的困境（杨威，2001）。

2. 量表法

抑郁—焦虑—压力自评量表，由抑郁、焦虑和压力等三个分量表组成，分别包含七个题项，被广泛应用于普通人群或临床患者心理状况筛查。因此，此量表可作为有效辅助测量工具。量表的具体参考标准为：每一题的分值是 0—3，数字依次对应不符合、有时符合、常常符合、总是符合；第 1、6、8、11、12、14、18 题属于压力分量表，以上题目分值相加，得分标准≤ 9 分为正常，10—13 分为轻度，14—20 分为中度，21—27 分为重度，≥ 28 分为非常严重；第 2、4、7、9、15、19、20 题属于焦虑分量表，以上题目分值相加，得分标准≤ 7 分为正常，8—9 分为轻度，10—14 分为中度，15—19 分为重度，≥ 20 分为非常严重；第 3、5、10、13、16、17、21 题属于抑郁分量表，以上题目分值相加，得分标准≤ 14 分为正常，15—18 分为轻度，19—25 分为中度，26—33 分为重度，≥ 34 分为非常严重。研究者借助抑郁—焦虑—压力自评量表来测量服务对象在个案服务介入的前后对压力、焦虑和抑郁等负性情绪的体验程度，并以量表测评结果来辅助证明服务对象负性情绪问题以及理性情绪治疗的个案介入是否有效。

3. 个案工作方法

社会工作三大工作方法分别是个案工作方法、小组工作方法及社区工作方法。个案工作方法不同于小组、社区，是以一个人、一个家庭或一类群体为介入对象，在一段时间里对其进行介入。个案工作方法具有其独特的优势，研究深入且个性化服务显著，更适合被用来介入丧偶老年人群体（彭秀良，王雷东，2022）。

第二节　实践案例分析：
丧偶老年人负性情绪消解的个案工作实务

一、实务准备阶段

（一）个案来源

一般来说，服务对象的来源可分为主动求助、他人转介、由社会工作者主动接触而成为服务对象。本研究的服务对象来源于社会工作者在社工站接触领取低保补助金家庭时主动发展的。

（二）案例陈述

案例一：L某，女，62岁，现居S市P镇N社区，无业，身体瘦弱，经常腰痛、脚痛，无法走远路。丈夫于2008年因疾病去世。育有一子两女。儿子因生意失败欠债偕媳妇跑路，已有3年未与L某有任何联系，留下三个孩子由L某独自抚养。一个女儿嫁在本地，另一个女儿目前也没有联系。

案例二：H某，男，67岁，现居S市P镇N社区，退休行政人员，每月领取一定的退休金。妻子去世多年，育有一儿一女。与儿子同住。生活条件良好，正常参加社交活动，无显著负性情绪表现。

案例三：J某，女，71岁，现居S市P镇N社区。三年前丧偶。育有四个儿子，均在外工作。经济条件较好。平常比较孤单。除了种菜、饲养牲畜，无其他娱乐活动。生活比较单调。

案例四：T某，男，82岁，现居S市P镇N社区。早年丧偶。育有一儿一女。

现一人独居。子女在节假日会偕孙子前来探望。平时喜欢到街上与人交谈。无不良嗜好，身体比较健康，具备生活自理能力。

　　社会工作者经过对比，认为案例一的家庭生活困境、个人情绪状态以及薄弱的社交状况与本研究的主题更为契合，且从社会工作专业角度"助人自助"出发，介入案例一更有理论意义和现实意义，因此选择案例一为研究对象。案例一的情况如表 6-1 所示。

表 6-1　案例情况表

姓名	居住地	情况	选择
L 某	S 市 P 镇 N 社区	丧偶、无业、多病痛，需抚养小孩	●
H 某	S 市 P 镇 N 社区	丧偶，退休行政人员，正常参加社交活动	
J 某	S 市 P 镇 N 社区	丧偶，家庭经济条件好，参与社交活动较少，较孤单	
T 某	S 市 P 镇 N 社区	丧偶，身体健康，健谈，性格较开朗	

案例一家庭结构如图 6-1 所示。

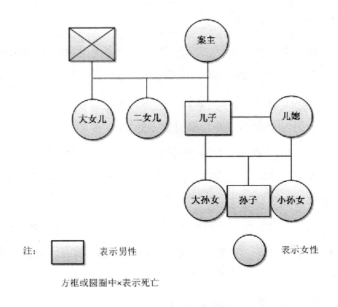

图 6-1　案例一家庭结构

（三）资料收集

资料收集主要涉及服务对象的生理、心理、社会关系以及急需解决的问题。

1. 生理情况

L 某年轻时从事体力劳动，患有风湿病，目前家务活也是基本全包，相当劳累，随着年龄逐渐增长，腿脚不便，腰部疼痛，有轻微的老花眼。

2. 心理情况

L 某的家庭变故很大，只靠领取低保救助金维持生活，且负担着抚养多名小孩的重担，家庭支持微乎其微，心理压力很大，生活艰辛，情绪低落。

3. 社会支持情况

L 某因照顾小孩、身体不便等因素，整日忙碌，很少有时间能外出与其他人进行交流。久而久之，身边朋友逐渐减少。能为 L 某提供支持的朋友、亲戚更少。社会支持网络薄弱。

（四）问题预估

根据前期与 L 某的接触以及收集到的资料，服务对象存在以下问题：

① 家庭生活条件困难。L 某早年丧偶，儿女无法提供经济支持，独自抚养孙子、孙女 3 人，无经济收入，仅靠领取低保补助金维持生活，家庭生活困顿。

② 操劳过度，身体不便。L 某年龄逐渐增大，患有风湿病，日常生活还需要照顾孙子、孙女，身心疲惫，随之带来更多的身体问题。

③ 心理压力大，情绪低落。目前家庭只有 L 某一个成人，作为家庭支柱，无职业收入，又需负责孙子、孙女的成长教育。平常因为少与他人沟通，缺乏社会交往，内心苦闷难于倾诉。久而久之，自身也变得沉默寡言。

④ 娱乐活动单一。服务对象日常娱乐活动多为看电视，缺乏双向性的互动，以致负性情绪难以消解。

⑤ 社会支持网络薄弱。服务对象几乎全身心投入到抚养孙子、孙女上，以过于

忙碌为由，很少参与社会活动，同社会接触交流少。

（五）需求分析

通过与服务对象的接触与沟通、查阅丧偶老年人相关资料，依据系统理论、优势视角理论，研究分析服务对象目前存在以下需求：

① 改善生活条件的需求。服务对象无收入，仅靠低保补助金维持基本生活，生活条件获得改善是服务对象目前需求之一。

② 心理辅导的需求。服务对象因家庭变故大的原因，内心受到比较大的打击，有心理疏导、负性情绪消解的需求。

③ 医疗需求。几年来，服务对象独自抚养孙子、孙女，过度操劳，身体也出现了许多问题，需要获得医疗帮助。

④ 与人交往的需求。服务对象日常生活单调，面对的多为自己的孙子、孙女，需与社会其他人员加强交往，缓解孤寂。

⑤ 增强社会支持网络的需求。服务对象以忙碌为由拒绝参与社会活动，实际是脱离社会支持网络的表现。需增强服务对象与社会的交往，改善服务对象心理状态。

（六）介入计划

介入目标：通过此次个案服务，帮助服务对象转变思想观念，使其看待问题多角度化，鼓励其发挥自身优势，积极参与社会生活，增强社会支持网络，丰富生活内容，最终消解负性情绪，过正常的晚年生活。介入计划如表 6-2 所示。

表 6-2　介入计划

介入阶段	介入时间	介入地点	人员构成	介入方式	介入目标	介入内容
第一次介入	2022 年 12 月 7 日	服务对象家中	服务对象、服务对象孙子孙女、社会工作者	个案访谈	培养与服务对象的关系，增强彼此信任关系	明确介入目标，商定介入计划
第二次介入	2022 年 12 月 14 日	服务对象家中	服务对象、社会工作者	个案访谈	倾听负性情绪，同感支持	引导服务对象倾诉负性情绪，倾听并表达支持

续表

介入阶段	介入时间	介入地点	人员构成	介入方式	介入目标	介入内容
第三次介入	2022年12月21日	服务对象家中	服务对象、服务对象孙子孙女、社会工作者	个案访谈	鼓励服务对象主动表达，改善心理状况	进一步了解服务对象真实情绪状态，完善服务内容
第四次介入	2022年12月31日	社区活动中心	服务对象、服务对象孙子孙女、社会工作者、其他人员	团体活动	加强社会参与，重构自我	拓展外界交流，丰富生活内容，加强社会支持
第五次介入	2023年1月13日	社工站个案室	服务对象、社会工作者	个案访谈	巩固社区活动成果，肯定自我、相信自我	听取服务对象自述，评判服务效果，告知服务进入尾声
第六次介入	2023年2月1日	服务对象家中	服务对象、服务对象孙子孙女、社会工作者	个案访谈	处理告别情绪，巩固个案成果	准备结案事宜，共同计划未来，处理离别情绪

二、个案工作介入的实施过程

为了保证个案介入工作的顺利开展，综合计划内容，社会工作者与服务对象采取口头约定、签订服务协议等方式规范服务过程，并计划对服务对象进行六次个案服务，包括但不限于个案访谈、链接社会资源，具体内容围绕六个主题展开。

（一）第一次介入：培养与服务对象的关系，增强彼此信任关系

时间：2022年12月7日

地点：服务对象家中

人员：服务对象、社会工作者、服务对象孙子孙女

第一次介入服务，社会工作者带着一些小礼品来到服务对象家中。首先观察到服务对象的家庭环境。服务对象居住在一个狭窄小巷的中间区域，是只有一层的自建房，看着已经有很多年头，有着很明显的老旧感，且家中的物品、家具等都是比较老旧，可能是因为家中小孩太多的缘故，家里的卫生较差、物品摆放比较凌乱。服务对象看到社会工作者，并没有比较热情的举动，表现出漠视社会工作者的态度，并拒绝回答社会工作者的询问。因为之前政府相关部门已经来了解服务对象家庭的

情况，但并未取得实质性的进展。

在社会工作者多次沟通，以及表现足够出诚意的情形下，社会工作者与服务对象终于能够进行正常对话。

> 社会工作者：阿姨，您好，吃饭了吗？
>
> 服务对象：嗯，吃了有一会儿了。现在陪孩子做手工品。
>
> 社会工作者：阿姨，三个小孩现在都读几年级了呢？
>
> 服务对象（动作很灵敏，指向）：老大读初一，老二读三年级，老三读一年级了。
>
> 社会工作者：嗯，孩子看着都很听话，您可是有福气咯！
>
> （说完，彼此相视而笑。）

在简单的寒暄过后，社会工作者同服务对象拉家常、聊生活，拉近彼此之间的距离。由简短的对话中可以看出，服务对象是比较乐意与社会工作者进行交流，并没有表现出抗拒外人接触自身家庭的举动。但从交流以及举止可以看出，服务对象还是有点稍微拘谨，多是在回答社会工作者的提问，还没有主动就自身困难进行倾诉。

> 社会工作者：阿姨，我们知道您的孙子、孙女都在上学，我们带了一些学习用品过来，孩子们应该能用得上。
>
> 服务对象：这怎么好意思呢。这些孩子们都有，一会儿你们都拿回去吧！
>
> 社会工作者：没事没事，这些学习用品都是消耗品，以后都是会用到的，您就拿着吧。

社会工作者把学习用品递给孩子们。孩子们在拿到学习用品后表现得很开心。社会工作者观察到服务对象看到小孩们很高兴，也露出了笑容。

> 社会工作者：孩子们开心、能健康成长，咱们做大人的也开心。
>
> 服务对象（笑着说）：是的，孩子的事是最重要的。
>
> 社会工作者：是这样的（介绍社工站的职能），阿姨，根据我们之前了解的情况，我们社工站给您制订了六次服务计划，今天过来希望和您商量一下，您看看能不能对您的生活改善有些帮助。
>
> （将个案介入计划表递给服务对象浏览，并进行解释。）

服务对象（表现得有些许犹豫）：我也是第一次知道你们这个叫什么"社工站"的，我还不太了解。你能再仔细跟我说说吗？

社会工作者：阿姨，您平时生活上可能比较辛苦，年纪可能也大了点，身体也有不舒服，又有孙子、孙女要照顾。您压力太大了，我们可以帮您缓解一下压力。

服务对象（微微叹气）：家里确实是困难，老伴走得早，儿女不争气，孙子们又还小……唉！

社会工作者：阿姨，您放心，我们社工站一定尽力帮助您。此外，咱们的整个服务过程都是保密的。我们会严格保护您的所有隐私。

服务对象：嗯嗯，可以，我接受你们的服务。

社会工作者向服务对象解释了社工站职能以及对服务对象权益的保护，口头约定并签订了服务协议，为后续的服务打下了基础。

社会工作者：阿姨，我们这儿有一个量表（递给服务对象），您有空儿就填一下。下次我们再过来的时候，您就拿给我们。

服务对象：行，那你就放这儿吧。

小结：社会工作者通过入户的方式，观察了服务对象的居住环境，了解了基本的生活状况。同时，在与服务对象的接触过程中，可以感受到服务对象与人交流的意愿还是比较薄弱，对外人有明显的抗拒表现。此外，社会工作者可以很明显地感受到服务对象对于孙子、孙女的保护。孙子、孙女在服务对象生活中有很大的分量。因此，社会工作者在后续的服务过程中，可以以此为关注点。最后，社会工作者也与服务对象讨论了社会工作者的职能，留下了量表。服务对象了解到社会工作者的服务方式，也表现出接受的态度和行为。

（二）第二次介入：倾听负性情绪，同感支持

时间：2022 年 12 月 14 日

地点：服务对象家中

人员：服务对象、社会工作者

第二次介入服务，目的在于走进服务对象内心世界，引导服务对象主动倾诉烦恼，并采用共情的方法对服务对象的感受表示支持。

在第一次访谈中，可以感受到服务对象的回答仅是表面式的常规回答，有一定的防范心理，并未真实讲述目前所面对的困难以及需要何种帮助。在第二次介入服务中，社会工作者要与服务对象进一步增强彼此的信任关系，真正获取服务对象的信任，走进服务对象的内心世界，引导其倾诉负性情绪，从而精准地发现负性情绪存在的症结之处，采用更加完备的服务方法，促进服务对象更好地面对生活，重返正常生活。

社会工作者来到服务对象家中，此时服务对象正独自一人在家中做针线活。

社会工作者：早上好！阿姨，咱们又见面了。您吃过早餐了吧。阿姨的手工活真棒，这些衣领车工真好看。

服务对象（有一点羞涩）：哪有哪有，都老花眼了。这些都是随便车的。

社会工作者：阿姨太谦虚了。这些一看就比市场卖的质量要高。（观察到家中只有阿姨一人）孙子、孙女都去上学了？

服务对象：是呀，今早送孩子上学后我就开始忙这些针线活了。一会儿十一点还要去学校接孩子们回来。

社会工作者（开玩笑式）：阿姨的生活真是充实啊，安排得满满当当的。

服务对象：啊，每天都忙东忙西的。是累，不是充实。我也想轻松点呢！

社会工作者在同服务对象闲谈，营造一个轻松的氛围。同时，以孩子不在家为契机，可以深入了解平时服务对象因孙子、孙女在家而不愿说的一些感受。

社会工作者：我们都知道，照顾小孩是很费神的事。何况您还要照顾三个。阿姨可真是值得我们学习啊。

服务对象：确实是这样的。我也照顾得不是很好，平时也会因为特别关心一个而又忽略了另一个。好在孙子、孙女都比较懂事，我也没有太累。

社会工作者（顺着话题）：您真幸福，那平时儿女们有多回来看望您吗？

服务对象（语气忽然变得无奈）：唉，生了几个不孝子。我的儿子已经几年没联系过家里了。这几个孩子可怜啊。

社会工作者：怎么会这样呢？是怎么一回事？

服务对象（红了眼眶）：我的儿子前几年做服装生意亏本，欠了一屁股债，带着老婆不知道去哪儿了。老二（女儿）前几年嫁了出去，日子过得也一般。老三（女儿）早年去广东务工，很久没联系家里。

社会工作者：阿姨，您真的是辛苦了。家庭美满是我们每个人的愿望。尽管现实有不如意，但一定要往前看，过正常的生活。

服务对象向社会工作者吐露了家庭生活的艰辛；社会工作者表达同感，并鼓励服务对象积极乐观面对生活。

社会工作者：我知道阿姨非常不容易，自己一个人支撑起整个家庭，这个担子就算放在一个男人肩上也不是一件轻松的事。

服务对象：我老公还在世时是做建筑工人的，也是没多少文化，平常生活也很辛苦，最后……

（服务对象的眼眶湿润了。）

社会工作者：阿姨，你放心，我们社工站一定会帮助你们的，为了你，也为了孩子的成长。

服务对象：没错，我一直鼓励我的孙子、孙女要勤奋读书，将来过上轻松一点的生活。我希望孩子们可以好好成长。

服务对象对丧偶存在哀伤，为家庭发生变故带有自责，同时担忧孙子、孙女的成长问题。比较乐观的是，服务对象对未来乐观，相信并支持孙子、孙女通过教育实现人生的转变。

社会工作者：阿姨，您听说过壹基金温暖包吗？

服务对象：没有听说过。

社会工作者：这是一个针对孩子的公益性项目。符合条件的，可以申请。温暖包中有衣物、学习用品等物品。您有需要的话，我们可以帮您申请。

服务对象：可以吗？那太好了，谢谢你们。

（社会工作者向案主问询相关信息，帮助申请"壹基金温暖包"。）

社会工作者：阿姨，上次我们留下的量表您填了吗？可以拿给我们看看吗？

案主：哎哟，你不说，我都差点忘记了。

（起身，去打开柜子，取量表。）

社会工作者：好的，谢谢阿姨，我们下次再见。

小结：第二次介入服务结束后，彼此建立了更进一步的信任关系。根据服务对象自主填写的量表，社会工作者获得了更多的相关信息，对于服务对象目前家庭情况以及心理状况有了更深的了解。比如，服务对象对家庭情感很深，爱护孙子、孙女，对自己儿女的现状表示无奈，对未来生活保持乐观态度。在这次访谈中，服务对象在讲述家庭情况时，没有过于强调是因为某一事件而导致了家庭生活的结果，而是面对现实，为了把生活更好地过下去。这是服务对象保持理性情绪的重要表现。服务对象内心是乐观的。在优势视角理论下，发掘服务对象乐观心理是服务对象可以发生改变的重要驱动力；依据系统理论，服务对象对于外部支持信息了解得并不多，未能得到更多的外部资源的支持。这是家庭系统与社会系统未能共同发挥作用的表现。

第二次介入服务结束后，社会工作者根据服务对象信息，改善后续服务细节；同时，链接资源，申请"壹基金温暖包"，逐步将服务对象家庭与社会进行接轨。

量表分析：服务对象的压力量表部分的得分为 11 分，属于有轻度压力范畴；焦虑量表部分的得分为 9 分，属于有轻度焦虑范畴；抑郁量表部分的得分为 6 分，属于正常标准。

因此，根据前期接案情况以及量表的测评结果，服务对象存在轻度的负性情绪问题，需要运用社会工作服务对其进行负性情绪消解。

（三）第三次介入：鼓励服务对象主动表达需求，改善心理状况

时间：2022 年 12 月 21 日

地点：服务对象家中

人员：服务对象、社会工作者、服务对象孙子孙女

第三次介入服务的目标是鼓励服务对象主动表达需求，对生活状态做出改变；同时，从孩子的视角出发，发掘服务对象深藏内心或自身未察觉的不良行为。社会工作者通过主动融入服务对象的日常生活，积极表达出帮助服务对象改善生活的目

的，增进彼此感情，努力实现服务对象与社会工作者的无障碍、无隔阂交流。

社会工作者第三次拜访服务对象时，带了一些蔬菜和肉类，提出中午与服务对象一起吃个便饭。在短暂的备餐和闲聊后，服务对象家中的闹钟响了；服务对象表示孙子、孙女要放学了，得出门去接他们回来。此时，社会工作者提出与服务对象一同前往学校。一开始，服务对象表现得不太情愿。

> 社会工作者：阿姨，我们今天一起去接孩子放学吧。
>
> 服务对象：不用不用，接孩子放学这点小事就不用麻烦你们了，我自己能行。
>
> 社会工作者：没事没事，我们也好久没体验过放学时"人声鼎沸"的场面了。我们就是陪阿姨您过去，一点不麻烦。
>
> 服务对象：你们真是贴心，要是我的儿女也这样就好了。

社会工作者与服务对象在接孙子、孙女放学时，孙子、孙女对社会工作者已比较熟络，热情地打着招呼。服务对象看到此情此景，脸上也流露出笑容。回家后，社会工作者做好饭菜，便与服务对象一同就餐。在就餐过程中，社会工作者发现了一个小细节，服务对象很热情地招呼社会工作者多吃饭菜，同时夹肉给孙子、孙女吃，但自己吃得很少。社会工作者并没有在就餐过程中提出这个问题。

就餐后，服务对象提醒孙子、孙女完成老师布置的作业；社会工作者主动提出辅导孩子完成作业，服务对象表现得有些惊讶，可能仍没意识到社会工作者可以那么贴心。社会工作者帮助孩子辅导作业，服务对象便出门购置生活用品。在辅导孩子完成作业后，社会工作者与孩子进行交谈。

> 社会工作者：你觉得今天的作业难不难呀？
>
> 孩子（开心）：以前作业我都要做一个多小时才能完成；今天有姐姐在，半个小时就做完了。
>
> 社会工作者：你真棒！那姐姐可以问你一些关于奶奶的问题吗？
>
> 孩子：可以呀。
>
> 社会工作者：你觉得平时奶奶累不累呢？
>
> 孩子：奶奶平时可勤快了，给我们做饭，送我们上学，还要帮我们洗衣服，

有时候我看到奶奶自己在揉腿、捶背，看着很难受的样子。

　　社会工作者：对呀，奶奶很辛苦。

　　孩子：还有还有，平时吃饭奶奶总是夹很多菜给我们吃，自己却吃很少，新鲜的给我们吃，自己吃很多剩菜。有时候她自己一个人发呆。

　　社会工作者：嗯嗯，你们说的都很有用。我们拉钩钩，一起让奶奶开心起来！

　　通过与孩子们的交谈，社会工作者知道了更多服务对象不愿透露的生活细节。当然，社会工作者也非常理解这个行为。因为有三个孩子靠服务对象抚养，自身必须坚强起来。

　　小结：第三次介入服务，社会工作者深入到服务对象的日常生活中，看到了服务对象最真实的生活状态，同时依据系统理论，与服务对象的家庭成员（孙子、孙女）建立了良好的沟通机制，使社会工作者收集信息的渠道更多样化，不只是由服务对象的倾诉以及家庭生活环境来推断服务对象需求。从孩子的视角出发，进一步精准地识别服务对象在生活中的生理、心理需求，为后续的服务提供了现实依据和有益信息。

（四）第四次介入：加强社会参与，重构自我

时间：2022 年 12 月 31 日

地点：社区活动中心

人员：服务对象、社会工作者、服务对象孙子孙女、其他人员

　　第四次介入服务，依据系统理论（注重运用社会资源 —— 包括正式和非正式的社会网络资源来帮助人们解决问题、满足需要），社会工作者在服务对象所居住的社区策划了一场"情系邻里，温暖针线"社区活动，邀请社区的中老年人参与，借助做手工活动来增强彼此的联系。社会工作者邀请服务对象参与了这次活动。服务对象是社区中"有名"的针线能手，其针线作品在社区被广泛赞誉。依据优势视角理论，通过发挥服务对象的优势，可以很好地树立其应对压力、负性情绪的信心。通过前几次的访谈，社会工作者了解到服务对象已经很长时间没有参与社交活动，

一直忙于孙子、孙女的饮食起居。服务对象听说有这样一场活动，起初有一些心动，但犹豫后还是拒绝了，理由是担心孙子、孙女没人照顾；经过社会工作者的劝说，服务对象答应前来参与活动。

社区活动安排在周六的九点，服务对象带着孙子、孙女前来，社会工作者帮忙照看。活动一开始，服务对象还比较放不开，但是在针线活上手后仿佛变了个人，自信且熟练。在作品出来后，邻里给予许多的赞誉。服务对象仿佛也许久没有这样交流了，显得开心且自豪。看到邻里的操作有些生疏，服务对象也会热情地提供建议，最后俩人相视一笑，像是共同完成了一个伟大的作品。

在整个社区活动中，社会工作者虽没有一直陪伴服务对象，但通过观察服务对象在整个活动的表现，可以看出服务对象内心是很渴望能与外界保持这样的联系。社会工作者也发现：服务对象并不是没有朋友，只是因为家庭的缘故，自动减少了社交的频率。因为在活动过程中，有很多邻里和服务对象打招呼，并且彼此寒暄问候。服务对象也热情回应"最近家里忙"。

小结：社会工作者依据优势视角理论，借助社区活动，发挥服务对象的优势，并获得了成功。社会工作者认识了一个全新的服务对象——自信、热情、健谈。有关研究表明，社会参与使老年人从自我封闭空间走向公共空间，有利于消解孤独，填补内心空虚。本次介入服务实际是社会工作者借助社区活动，将服务对象带出家门，融入社会生活，加强社会交往，同时改善自身的负性情绪，使其积极乐观地面对生活。这不仅是对服务对象的心理、生理有益，也是对其孙子、孙女的心理健康有益。依据系统理论，社会工作者帮助服务对象产生加强社交的心态，再次融入社会生活。同时，服务对象也表现出融入社会系统的倾向，在一定程度上有利于帮助服务对象完善社会支持系统。

（五）第五次介入：巩固社区活动成果，肯定自我、相信自我

时间：2023 年 1 月 13 日

地点：社工站个案室

人员：服务对象、社会工作者

第五次介入服务，社会工作者邀请服务对象以"做客"的形式来到社工站个案室进行交流。这次交流是建立在前几次介入服务与彼此信任关系逐渐深化的基础上。因此，进行一次"一对一"的深入交流对于服务对象认识自我以及服务效果评定有着积极作用。

　　社会工作者：阿姨，您对上次的社区活动感受如何？

　　服务对象（略显激动）：感觉很不错，我很喜欢这种活动。

　　社会工作者：如果下次还有类似的社区活动，您还会不会参与？

　　服务对象：会的。我感觉参与这些活动的时候，我腿不酸、腰不累，
还很舒服。

由服务对象的话语可以得出结论，服务对象在主观意识上对于社交活动是欢迎而非抗拒。这表明加强服务对象的社会支持网络对于其身心健康有着重要的意义。在后续，社会工作者计划与社区居委会工作人员取得联系，多组织开展社区活动，并邀请服务对象参与其中。

　　服务对象（主动叙述生活近况）：自从那次社区活动结束后，我胃口
好了很多，睡觉也很舒服。

　　社会工作者：是吗，那很不错，希望您以后都可以这样。

　　服务对象：感谢你们。我最近感觉自己身心愉快了许多，对生活充满
了希望。

　　社会工作者：您能有这样的感受，我们很开心。我们一起继续努力，
将这样的生活持续下去。

　　服务对象：好！

由此看出，服务对象的心态已经发生了比较明显的转变，主动向社会工作者述说生活近况、表达对未来生活的向往。

小结：与第一次介入服务相比，服务对象在心态上有了很大的改观，能够主动表达自己的心理感受、描述生活近况，同时表现出希望融入社会生活的倾向。这对于服务对象认识深层次的自我、增强自我价值感有着重要的意义。与此同时，社会工作者基于目前已取得的成果，判断个案服务也将进入尾声，并告知服务对象目前

服务成效，提示服务即将结束。

（六）第六次介入：处理告别情绪，巩固个案成果

时间：2023 年 2 月 1 日

地点：服务对象家中

人员：服务对象、社会工作者、服务对象孙子孙女

第六次介入服务是个案的最后一次介入服务，社会工作者将完成总结性工作、处理好服务对象的离别情绪，同时提高服务对象在往后生活中应对各种负性情绪及生活难题的能力。

最后一次到服务对象家中，孩子们兴高采烈地欢迎着社会工作者的到来。服务对象也热情地招呼着社会工作者。

社会工作者：看到你们这样的生活状态非常开心，感觉很温馨。

服务对象（真诚）：感谢你们的帮助，我也好久没这样掏心窝地接触人了。

社会工作者：这是大家一起努力的结果。当然，您是最重要的一个人。

服务对象（真挚）：感谢你们这段日子的陪伴。我会继续保持好心态，为了自己，更为了孙子、孙女。

社会工作者：阿姨，你的针线手艺活可太好了，以后您可要多参加社区活动。

服务对象：嗯，谢谢你们上一次的邀请，不然我都不知道还有那么好玩的活动。

经过交谈，透过服务对象的表达方式以及行为变化可以看出，服务对象的负性情绪改善得比较顺利。

在最后一次介入服务结束之际，孩子用"壹基金温暖包"中的画册给社会工作者画了一幅画。社会工作者对孩子们说："画得真棒，你们要好好学习，让奶奶变成这个世界上最有福气的奶奶。"（此时观察到服务对象笑容灿烂）服务对象也向社会工作者赠送了亲手编织的"小福符"，期望给社会工作者带来好运。本次介入服务在互相感谢以及盼望彼此生活愈加美好中圆满结束。

小结：服务对象的精神状态以及语言表达都有了明显的改观。这说明此前介入服务的效果是显著的。服务对象表现出对社会工作者的接纳态度，也让彼此的信任关系更为深厚。同时，社会工作者也与服务对象的孙子、孙女维持着良好的沟通机制，对于从家人视角改善服务对象心理状态提供了一个全新的介入方法。最后，社会工作者表达了希望在结案后服务对象仍可以保持良好的心理状态，积极面对未来生活，对于生活遇到难题，也可以向社会工作者求助；社会工作者也会不定期对服务对象进行回访，观察与巩固服务成果。

三、服务效果评估

个案服务结束后，需对服务对象的变化进行评估，一方面以此判断介入服务是否成功，另一方面观察是否达到个案介入目标。本研究评估方式主要包括过程评估、社会工作者自评、量表评估以及结果评估。

（一）过程评估

过程评估是针对服务对象在介入过程中的表现进行总结评价，比较介入前、介入后服务对象的变化，同时也是社会工作者对自己专业水平、服务能力的评估。

1. 个案服务的前期阶段

服务对象对待社会工作者的态度属于常规的社交范围尺度，既没有表现得太过抗拒，也没有表现得很热情。社会工作者通过表明身份及职责，同服务对象聊生活、拉家常，询问孙子、孙女情况等谈话技巧，拉近彼此距离，促使服务对象对自身情况进行自我叙述，使得社会工作者收集到更多关于服务对象的信息；同时，与服务对象建立了初步的专业关系，并获得服务对象的初步信任，为后续介入服务打下了基础。

2. 个案服务的中期阶段

社会工作者开展了多种多样工作来帮助服务对象消解负性情绪。其中最重要的是抓住服务对象重视家庭、关心孩子教育成长这一点，并以此为切入点，不断培养彼此的信任关系，丰富服务内容，深化服务效果。此外，在服务过程中发掘服务对象的优势——擅长针线活，并以此为契合点，将服务对象与社会系统重新联结，丰富服务对象的社会生活，满足服务对象的社会交往需求；同时，激发服务对象的自信心以及乐观心态，纾缓孤独感及负性情绪，促使其更好地面对未来生活。

3. 个案服务的后期阶段

相比于前期阶段，服务对象由被动地回答社会工作者的问题，转变为向社会工作者主动诉说生活近况、身心状态。这表明个案服务取得了预期效果。社会工作者同服务对象的孙子、孙女建立了良好的沟通机制，从家人视角来认识与改善服务对象的负性情绪。服务对象及其家人对社会工作者的接纳态度也是取得良好服务效果的证明。

（二）社会工作者自评

常言道"旁观者清"，虽然社会工作者也是提供服务的，但是在服务过程中通过与服务对象接触，对于服务对象所发生的变化最为了解。经过介入服务，社会工作者明显感觉到服务对象"被动—主动"的变化，以及在社交层面展示其希望与外界保持良性沟通的愿景。这从观察服务对象的实际行动可以得出。在最后一次介入服务中，服务对象及其家人对社会工作者的接纳态度也表明了服务成果。服务对象及其家人都在朝着更好的方面发展。

（三）量表评估

将服务对象的主观感受作为评估结果的确显得片面，由此还需借助专业、客观的科学测量工具。"抑郁—焦虑—压力量表（中文版）/DASS-21 情绪自评量表"虽是从国外引进而来，但已经由国内学者进行过信度和效度的检测，属于相对科学的测量工具，由此得出的结果是更为客观的呈现。经过个案服务介入后的量表评估结果为：压力量表部分的得分为 8 分，得分相较于预估阶段降低 3 分，已恢复到正常标准的范畴；焦虑量表部分的得分为 8 分，仍有轻度焦虑，但相较于预估阶段降低 1

分；抑郁量表部分的得分为 4 分，仍属于正常标准，相较于预估阶段降低 2 分。服务对象虽然在焦虑量表得分结果仍存在轻度焦虑，但从最终总体得分变化趋势来看，分数均有所下降。因此，可以推论服务对象的负性情绪均得到一定程度的消解，表明此次个案服务介入确有效果。

（四）结果评估

经过六次介入服务，服务对象的情绪和生活状态有了显著的改善。这得益于社会工作者在服务过程中的观察和服务对象在服务结束时的状态总结。

表 6-3　结果评估表

类别	介入前	介入后
情绪状态	封闭、忧愁	自信、乐观
社交状态	封闭、抗拒	主动、热情
对社会工作者态度	客气、距离感	真诚、感激
家庭卫生	凌乱、邋遢	干净、整洁

如表 6-3 所示，可以推断社会工作个案服务对服务对象的影响是显著的，服务对象在介入前后的状态有明显的不同。

第三节　总结与反思

一、结论

一是服务对象的负性情绪得到有效缓解。在本次个案中，服务对象负性情绪的主要来源于家庭。家庭变故使得服务对象生活质量急剧下降，由此带来的各种各样的负性情绪困扰着服务对象的身心健康。社会工作者通过识别服务对象的内心关切，以孙子、孙女为切入点，逐步增强彼此的信任关系。服务对象从最开始不愿与社会工作者沟通，到结案时主动与社会工作者表达内心想法，双方之间的距离被拉近，使得服务对象的真正需求获得满足，负性情绪显著缓解。

二是个案介入达到预期效果。个案介入的特性在于特殊性，但人类生存需求同时存在着一般共性，如家庭生活需求、社交需求、自我价值需求等。本次个案介入从需求共性的角度出发，服务对象家庭状况是其负性情绪产生的主要原因。同时，依据优势视角理论，发挥服务对象的手工优势，增强服务对象的自我效能。社会工作者发挥个案工作方法的优势，并采取符合服务对象的最佳方案，实现个案介入服务效果的最大化。

三是优势视角理论、系统理论对于缓解丧偶老年人负性情绪具有支持作用。依据优势视角理论，社会工作者积极发掘服务对象的个人优势，找寻自身价值，重构自我，促使服务对象回归社会生活，增强社会支持网络，提高生活质量。同时，在系统理论的引导下，使服务对象基于家庭系统、社会系统的自我价值受到重视，从而使服务对象重拾信心，回归正常生活。

总之，在丧偶老人群体家庭情况、需求各异的情况下，本次个案介入结合实际，从丧偶老年人、家人、社会等视角出发，发掘服务对象优势，发挥系统作用，最终取得预期服务效果。

二、反思

个案服务结束后，社会工作者回顾整个服务过程，总结出以下工作不足：

一是资源链接效率有待增强。服务对象因家庭原因，生活质量较差，社会工作者与多部门联系，但最终实现救助的寥寥无几。例如，"壹基金温暖包"的获取也并未及时取得。

二是社会工作者专业知识水平有限。社会工作者对于服务对象的态度、行为未能及时有效回应，程序化较为明显，最终使服务效果打上折扣。

三是未能完全有效调动社会支持系统。社会工作者通过社区活动使得服务对象与社区人员建立了沟通，但此关系并未得到巩固。除了社区活动等集体活动，在日常生活中服务对象与社区人员的沟通交流仍较少，沟通效果还有待提高。

三、建议

总结本次个案介入服务的成果与不足，笔者提出以下几点建议：

一是完善老年人相关政策。对于弱势的老人群体，特别是丧偶老年人群体，帮助其安享晚年离不开政策支持。政府应着手制定相关政策保障老年人晚年生活，提高其生活质量。

二是发挥服务型政府作用。我国政府是为人民服务的政府，始终坚持把"人民"放在第一位，将服务贯彻到基层，就更彰显社区以及村委的作用。社会工作可以作为政府与人民沟通的桥梁，精准识别人民的需求，同时从专业角度与政府沟通，使政府的服务作用得到有效发挥。社会工作在基层的行动可以这样实施：积极联系社区人员，倡导社区活动。社区可以多举办社区活动，发挥系统优势，增强社区内人员交流，在满足群众需求的同时构建和谐社区，推动老年人的生理、心理持续健康发展。

三是提高社会工作者专业化。社会工作者发挥专业角色作用，构建资源链接规范机制，增强资源链接能力是提高社会工作服务质量的重要方法，对于高效回应服务对象需求有着重要意义。

此外，完善社会工作督导机制，在介入服务出现疑惑或困难时，及时向督导请教专业意见，学习专业知识，并将其付诸实践，进而提供更专业的服务。

第七章 少年自护：小组工作介入农村未成年人自我保护能力提升的研究

第一节 理论与方法

一、选题缘起

未成年人的健康成长与千家万户的幸福安宁密切相关。为此，国家针对未成年人群体的特殊性颁布了一系列的法律法规，并将社会工作纳入其中。2021年6月1日，新修订的《中华人民共和国未成年人保护法》（以下简称《未成年人保护法》）施行。《未成年人保护法》规定："地方人民政府应当培育、引导和规范有关社会组织、社会工作者参与未成年人保护工作，开展家庭教育指导服务，为未成年人的心理辅导、康复救助、监护及收养评估等提供专业服务"，"国家鼓励和支持社会组织、社会工作者参与涉及未成年人案件中未成年人的心理干预、法律援助、社会调查、社会观护、教育矫治、社区矫正等工作"。社会工作者应与民政部门工作人员一起承担起建设未成年保护工作的新格局的责任。未成年人自我保护能力差、社会交往少，是未成年人保护工作的一大问题。注重实践的社会工作在地方搭建未成年保护站方面具有积极作用，同时也能为其运营服务注入专业力量，提升未成年保护站的实际效果。

二、意义

未成年人的健康成长关乎着国家的未来。守护未成年人的成长除了社会各界的保护之外，更需要未成年人提高自我保护的意识与能力，自立自强。

（一）理论意义

①从小组工作对未成年人自我保护能力建设的介入出发，帮助未成年人了解自我保护的知识，提升未成年人的自我保护能力，检验小组工作对于提升未成年人自我保护能力的作用及意义。

②笔者在实习期间收集研究资料，开展小组工作的介入实践，希望能在一定程度上加强社会工作理论与实践的研究，推动社会工作理论在未成年人保护领域中的发展。

（二）现实意义

第一，通过开展以未成年人自我保护能力提升为主题的小组工作，在小组工作中利用多种形式的宣传、巩固自我保护方面的知识，帮助未成年人提升自我保护能力，增进家长对社会工作的认识与接纳，推进社会工作的本土化发展。

第二，开展以提升未成年人自我保护能力为目标的小组工作服务，既是社会工作者践行专业理念、开展社会工作专业服务的需要，更是对国家出台法律、政策的积极响应。

三、文献综述

本研究从未成年人保护的角度出发，围绕未成年人自我保护能力建设进行分析，主要集中在两个方向：一是关于未成年人的相关研究的内容梳理，二是针对未成年人的自我保护能力的研究。通过对国内外文献的梳理，为开展小组工作介入未成年人自我保护能力提升的实务研究提供思路与方法。

（一）关于未成年人的研究

不同的国家对未成年人的年龄有不同的划定。《中华人民共和国民法典》对未成年的年龄划分是未满18周岁，即0—17岁的人群为未成年人。世界卫生组织经过对全球人体素质和平均寿命进行测定，规定0—17岁的人群为未成年人，与我国对未成年人的年龄划分范围一致。

在法律建设层面，美国为保护未成年人免受网络色情作品危害先后在《通讯行为端正法》《儿童网上保护法》《儿童互联网保护法》中对未成年人的网络色情问题进行规定。《儿童互联网保护法》规范了学校和图书馆的信息管理机制，限制儿童接触网络色情及露骨信息（梁鹏、王兆同，2006）。

我国在未成年人网络安全方面也做了相应的努力，在《未成年人保护法》中，政府保护与网络保护单独设立成章；鼓励社会开发未成年人网络安全保护插件，维护未成年人的网络环境。此外，还强调了学校、家庭、公共场所多方参与维护未成年人健康上网的义务。

在校园安全教育层面，美国政府规定学校要根据教育对象的年龄、学校所在地等主客观条件来制订校园安全计划。俄罗斯教育部同样基于对未成年人的安全教育的重视，将《生命安全基础》课程纳入学校教学，同时根据不同的授课对象调整学习难度与范围，培养学生认识和辨别生活中的危险的能力，以及在出现危险的情况下消除不良后果以及自救、互救的方法（张献，2007）。

易丹（2009）与王玉政（2012）分别利用问卷调查法和访谈法对我国部分校园

安全教育现状进行了调研，得出结论存在一致性：校园安全教育形式化，教学方法和手段单一，学生对校园安全教育的兴趣不高，校园安全教育的师资队伍不足或流动性大，学校安全教育的教材繁杂、缺乏代表书籍，学校重视应试教育、安全教育边缘化。

在家庭教育层面，日本借助法律手段，采取国家立法在先、地方立法在后的由上至下的立法途径，巩固家庭教育（李曼，2021）。新加坡的学校家庭计划目标主体锁定为家长，而不是传统的以孩子为中心，并且利用了学校及社会的资源开展教学活动（黄河清，2002）。

刘利民（2017）从理论研究入手，对家庭教育和学校教育进行了边界、功能的辨析。段成荣等人（2014）综合第六次人口普查数据及在重庆市 31 所农村小学所收集的学生资料数据，指出家庭结构拆分是导致留守儿童出现一系列家庭教育问题的原因。

在学生学习层面，夏洛特·迪格纳特和格哈德·布特纳（Charlotte Dignath & Gerhard Büttner，2008）运用多元回归分析方法分别对小学和中学进行了自我调节策略培训计划实施效果的研究。玛丽·汉拉罕（Mary Hanrahan，1998）认为学生的认知、参与程度受以教师为中心的教学方法优势和学生对学习的信念两个因素影响，应使用更多的活动来隐含或明确地加强学习中自我指导的必要性和积极信念。

董妍与俞国良（2010）对 1209 名青少年进行测试，指出：学业成就不仅能通过学业情绪对其产生直接影响，还能借助成就目标、学业效能、学习策略等中介变量产生间接影响。

（二）关于未成年人自我保护能力的研究

国外自我保护能力的相关研究主要在预防性虐待、身体安全保护等方面。

印度尼西亚将性虐待预防计划（Program Prevensi Pelecehan Seksual Berbasis Sekolah，以下简称 P3SBS）纳入一年级学生课程。乌兰达里（Wulandari，2022）以学校为基础分析该计划对一年级小学生保护自己免受性虐待的能力的影响。110 名参加 P3SBS 和对照组的一年级小学生接受了"假设"情景测试。研究者对儿童免受性虐待的自我保护能力进行了测量。在儿童自我保护免受性虐待的能力的方面，参加 P3SBS 和对照组之间存在显著差异，所以 P3SBS 可以有效提高儿童的免受性虐待的自我保护能力。

土耳其"身体安全培训计划"是一项旨在确保儿童了解自己的身体并获得自我保护技能的教育计划。该研究将 83 名学龄前儿童分为实验组和对照组。

除了对未成年人开展研究之外，各国针对未成年人也出台了不同的政策措施，以提高未成年人的自我保护能力。加拿大很重视对儿童自我保护能力的教育，政府规定 14 岁以下的儿童不能独自在家，同时家庭和学校很重视对儿童进行自我保护技能的教育。

蒋国民（2000）以《预防未成年人犯罪法》为出发点，指出：要想提高未成年人的自我保护能力，应注重在文化知识教育、法制教育、道德规范教育、生理教育、心理矫治、自我保护专题教育等多维度对未成年人进行教育和引导。

对于幼儿阶段的未成年人，王秀华（2011）分析幼儿时期孩子的心理和生理特点，从幼儿生活环境、幼儿教学环境、教学形式等方面论述了培养幼儿安全意识和自我保护能力的途径和方法。

在青少年层面，鲍云城（2016）以小学二、四、六年级的学生为对象，进行了小学生性自我保护能力培养的研究；认为绘本教育、团体游戏、心理情景剧是提升不同年级学生性自我保护能力的有效途径。周嘉颖和罗国芬（2017）通过对上海市 Z 区初中、高中 / 中职阶段青少年进行问卷调查和数据分析，证得青少年性别、年龄、学习成绩、身形状况、家庭居住环境等是青少年人身安全自我保护的主要影响因素。

由晓天（2017）借助"场域—惯习"理论与社会学习理论对"农转居"社区的儿童开展了小组工作，分析了"农转居"社区服务需要完善的问题，从政策、社区、社会组织等三个方面提出了可持续发展建议。黄晓燕和张凡丽（2019）利用小组工作方法对天津市 N 社区的流动儿童的自我保护能力进行了干预。小组工作在预防性侵害和校园暴力方面，成效尤为明显，还能够很好地配合学校安全教育共同构筑儿童的保护网络。

（三）文献评述

我国针对未成年人的特点并结合时下的主流观点，在多领域为维护未成年人的合法权益做出了积极的努力。但是，在与未成年人联系紧密的校园安全教育领域，国内中小学对安全教育不够重视，安全教育开展的形式以及专业人才队伍的建设等问题还有待解决。在我国农村地区，家庭成员外出打工是造成未成年人家庭教育的缺失的主要原因。

国外借助学校资源的力量对未成年人开展个性化的教育普及，以提高其自我保护的能力。我国学者对未成年人涵盖的不同年龄群体进行了研究，其中不同年龄段的受欢迎的活动形式值得在具体实践中借鉴。同时，部分学者证实小组工作方法介入对提升服务对象自我保护能力有积极成效。

综上所述，笔者决定借助小组工作方法，开展未成年群体的自我保护能力提升活动，为小组工作在未成年人领域的实务研究提供一定的借鉴意义。

四、研究设计

（一）概念界定

1. 未成年人

2020 年 5 月 28 日，第十三届全国人民代表大会第三次会议表决通过了《中华人民共和国民法典》；第二章第十七条规定：不满十八周岁的自然人为未成年人。

我国《未成年人保护法》所称未成年人是指未满十八周岁的公民。

本研究提到的未成年人均指依照中国法律具有中国国籍的未满十八周岁的公民。

2. 自我保护能力

我国对于自我保护能力尚未有明确的规定或阐述，但通过文献查找发现有部分学者对此进行了个人解释。林崇德（1995）认为，自我保护能力是个体保护自己免受外部伤害的能力，涵盖身体和心理两方面。蒋国民和巢鸿鹰（2000）认为，自我保护能力应当包含辨别是非的能力、抵御不良诱惑侵蚀的能力、自我控制行为的能力、自我防卫的能力。由晓天（2017）则认为，自我保护能力是个体最基本的能力，指个体在社会生活中能够有效处理所遇到的各种问题与风险，保持身心健康以及身体安全。

本研究提到的自我保护能力有以下两个特点：第一，以《未成年人保护法》涵盖的六大保护内容为支撑，社会工作者宣传国内针对未成年人群体搭建的法律体系与六种保护渠道。第二，强调专业力量的介入，社会工作者联合地方乡镇政府力量开展小组工作，合力打造并维护重视未成年人保护的氛围，开展专业的社会工作服务提升未成年人的明辨危害、了解保护渠道的能力。

（二）理论依据

1.马斯洛需求层次理论

美国心理学家亚伯拉罕·哈罗德·马斯洛在其1943年出版的《人类激励理论》中首次提出了需求层次理论，并将需求分为五种：第一层次为生理需求，第二层次为安全需求，第三层次为感情和归宿需求，第四层次为尊重的需求，第五层次为自我实现的需求。

生理需求是指人对食物、水分、空气、睡眠等的需要。对于未成年人来说，生理需求更多地表现为衣食住行。未成年人自身缺乏独立的经济来源且没有足够的能力与权利；与此同时，监护人或者其家人就承担起对其的照顾抚育责任，并且保证未成年人基本的生存条件。

安全需求表现为人们要求稳定、安全、受到保护、有秩序、能免除恐惧和焦虑等。安全需求分为生理上的安全和心理上的安全。未成年人所处的社会环境里存在许多的安全隐患，如家庭环境里的高温烫伤、电器用电不当以及学校环境里的追逐打闹等。这些生理安全就需要家长和学校方面加强对其的安全知识教育，避免由自我保护意识与能力不强而导致的身体伤害。至于心理安全，未成年人的感情较为敏感和不善于表达，由于学业压力、朋友交往压力，需要家人、朋友常和其沟通交流，疏解问题与释放压力。

感情和归宿的需求是指一个人要求与其他人建立感情的联系或关系。未成年人对外界是好奇的，并且喜欢结识新朋友，发展良好的关系。借助小组工作，临近地区的未成年人聚集在一起开展活动，不仅有利于帮助未成年人结交朋友，在参与活动的过程中通过参加团体游戏、发言等获得参与感和体验感，加强与同伴之间的关系与凝聚力。

尊重的需求包括自尊和受到别人的尊重。自尊表现为自我尊重和自我爱护。未成年人通过接受和学习相关的知识，强化对自己生理和心理的理解，提高对"生命是珍贵的"这一价值观的认同感，自我尊重并且尊重其他个体。他人的尊重则可以在参与活动中体验获得，比如公平竞赛。

自我实现的需求是人们追求自己能力或潜能的发挥和完善的需要。胡万钟（2000）认为自我实现的需求主要靠个人自我认识、自我调节和自我实践活动给予自我满足。笔者依托马斯洛需求层次理论设计了提升未成年人自我保护能力的小组工作，在活动安排中主要呼应了理论中的安全需求，并借助小组工作的自身优势让同类群体的组员参与活动，发挥集体学习的力量，让未成年人加深对个人的自我认识，满足感情与归属感的需要，从而实现未成年人自我保护能力的提升的目标。

2. 社会学习理论

班杜拉的社会学习理论产生于 20 世纪六七十年代，90 年代末班杜拉的"社会认知理论"的地位得以确立。社会学习理论理论着重点在于观察学习和自我调节在引发人的行为中的作用，重视人的行为和环境的相互作用（刘梦，2003）。社会学习理论将观察学习分为四个主要的组成部分，注意过程、保持过程、动作再现过程、动机过程。详细的观察学习过程如图 7-1 所示。

班杜拉认为，在注意过程中存在着大量的示范事件，而这些事件对于观察学习者有着重要的决定作用（唐卫海、杨孟萍，1996）。如果人们忽视注意过程中的示范事件，那观察者的学习成效会大打折扣。在班杜拉看来，观察学习主要依附于两个系统——表象与言语。把示范行为转化成易于理解的言语符号或是表象有利于维持人们对观察学习的专注。而动作再现过程是把符号的表象转变成适当的行为。初次转换时对于目标行为的转换并非是准确无误的。这时就需要观察者在观察的过程

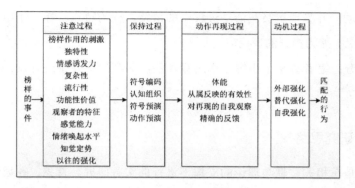

图 7-1　观察学习过程图

中对行为进行调整，在自己观察不到的地方，则借助他人来提供反馈。人们能通过观察模式而获得新知识，但人们对这种模式是否选择操作取决于强化引起的动机作用。班杜拉认为，强化可以是直接强化，通过外界因素直接对学习者的行为进行干预。比如，在小组工作中组员回答正确，社会工作者给予其奖品奖励，肯定该组员的学习成果。另一种强化则是替代强化，学习者看到别人成功受到赞扬或失败受到惩罚，就会增强或者抑制产生同样行为的倾向（李晶晶，2009）。

　　本研究所设计的小组工作设置有组员分享与交流的环节以及针对相关内容进行的有奖问答等活动。组员在互动过程中分享自己的想法、经验、经历和有效做法等，为其他组员提供学习的典范或者前覆后戒，强化其自我保护意识，进而提升自我保护能力。

（三）研究内容

　　第一部分：介绍本研究的课题缘起与意义，以及国内外对小组工作介入未成年人自我保护能力建设的相关研究成果。

　　第二部分：介绍本研究所涉及的概念、理论依据以及运用的研究方法。

　　第三部分：介绍木耳镇的基本情况与木耳镇未成年人自我保护能力的现状，并就调查结果进行了影响因素分析。在访谈调查中，笔者了解到木耳镇未成年人在生命意识、安全意识、环境意识、防范意识和法律意识上较为薄弱。

　　第四部分：围绕上述薄弱的内容，基于马斯洛支持层面理论与社会学习理论设计了五次活动，并呈现组员在活动过程中的情绪、行为特点，探讨小组工作介入未成年人自我保护能力提升的理论应用与实践。

第五部分：笔者对整个小组工作进行评估，对产生的效果进行反思与总结，并提出建议。

（四）研究思路

本研究是在相关文献与理论的支撑下进行的实务研究。首先，在研究开始前，对小组工作介入未成年人自我保护能力建设进行相关资料和文献的收集与分析，从中了解该领域的发展现状、可借鉴的有益的研究方法与思路。其次，在研究初期，编写调查问卷，对研究对象进行问卷调查与需求分析，制订小组工作计划。再次，在研究中期，记录组员在小组工作开展过程中的表现，同时着重分析研究理论在小组工作中的作用。最后，在研究后期，对整个小组工作进行反思与总结。

（五）研究方法

本研究采用了文献研究法、问卷调查法、参与观察法等研究方法。

1. 文献研究法

文献研究法也称情报研究、资料研究或文献调查，是指对文献资料的检索、搜集、鉴别、整理、分析，形成事实科学认识的方法（风笑天，2018）。笔者通过查阅相关文献，了解国内外在小组工作介入、未成年人自我保护等研究领域的现状和主要研究成果，综合国内基本情况与前人的研究思路、研究方法，探讨小组工作介入对未成年人自我保护能力提升的实践。

2. 问卷调查法

问卷调查法是以实证主义为方法论的量化研究方法。它是通过把标准化的问卷分发或邮寄给有关人员，然后对问卷回收整理，并进行统计分析，从而得出研究结果的研究方法（风笑天，2018）。为了解木耳镇未成年人在小组工作开展前的自我保护能力现状与小组工作开展后的自我保护能力提升效果，笔者制作了访谈提纲和参与者反馈表，依据前后的问卷数据对此次小组工作进行评估，了解小组工作介入在提升未成年人自我保护能力方面的优势与不足，为下一步的研究提供借鉴。

3. 参与观察法

参与观察即研究者深入研究对象的生活背景，在实际参与研究对象日常生活的过程中所进行的观察（风笑天，2018）。在不影响活动正常进行的前提下，对组员的特征、行为和情绪变化予以观察记录，对小组工作进行评估，并根据组员的需求变化对小组工作进行完善。

第二节 实践案例分析：
木耳镇未成年人自我保护能力状况

一、现状调查与分析

（一）木耳镇基本情况

木耳镇，隶属于重庆市渝北区，地处渝北区中西部，东与古路镇接壤，南与双凤桥街道连接，西与北碚区复兴镇相连，北与兴隆镇毗邻，南距渝北区人民政府驻地 11 千米，区域总面积 82.7 平方千米。截至 2020 年 6 月，木耳镇下辖 7 个社区、11 个行政村。2018 年，木耳镇有工业企业 65 个，其中规模以上 4 个；有营业面积超过 50 平方米以上的综合商店或超市 29 个。2011 年末，木耳镇有幼儿园 3 所，初中 2 所。木耳镇主要学校有渝汉中学、石鞋中学、木耳中心校、石鞋小学、白云小学。

当地镇政府对未成年人的保护工作给予高度重视。当地镇政府认真贯彻《重庆市未成年人保护工作领导小组关于加强未成年人保护工作的实施意见》（渝未保组〔2021〕3 号），并与笔者所在的机构联手在木耳镇打造未成年人保护站，加强基层未成年人保护工作力量配备，实现未成年人保护工作一线有机构负责、有专人办事、有经费保障，利用地方政府资源与社会工作者的专业力量为未成年人的健康成长保驾护航。木耳镇周边学校分别涵盖了不同年龄的未成年人，下至幼儿园，上至高中，再加上政府的政策支持，为笔者开展以提升未成年人自我保护能力为主旨的小组工作打下了良好基础。

（二）木耳镇未成年人自我保护能力的现状调查

笔者在木耳镇周边学校随机选取 30 名未成年人进行了问卷访谈，了解其对自我保护知识的了解程度以及学校对未成年自我保护所做的教育工作。调查问卷的设计内容包含生命意识、安全意识、环境意识、防范意识和法律意识。问卷调查结果如表 7-1 所示。

表 7-1　木耳镇未成年人自我保护能力问卷结果

问卷主题	问卷结果
生命意识	1. 100% 认为珍爱生命； 2. 76.66% 了解生命的形成与诞生，23.34% 不了解
安全意识	1. 100% 知道急救电话； 2. 86.67% 有过摔伤、触电等未做好自我保护措施而受伤的经历，13.33% 没有； 3. 66.67% 选择学校班会和抖音类短视频，90% 选择家长叮嘱，76.67% 选择书籍、安全手册作为自我保护知识的获取渠道
环境意识	1. 63.33% 认为生活环境中有危险，36.67% 认为没有危险； 2. 83.3% 会随时注意交通安全，16.7% 不会
防范意识	1. 86.4% 知道身体敏感部位，13.6% 不知道； 2. 16.67% 认为家人或亲人可以触碰敏感部位，83.37% 认为不可以； 3. 36.67% 接受过普及性教育，63.33% 没有
法律意识	1. 73.34% 知道《未成年人保护法》，26.66% 不知道； 2. 66.67% 在学校安排专门教学时提及《未成年人保护法》，33.33% 没有； 3. 53.67 知道部分法律内容，43.33% 不知道

从上述的调查问卷结果表中可以看出，木耳镇未成年人的自我保护能力存在以下几个问题：

第一，自我保护的知识与能力有待提高。近九成的同学都有过摔跤跌倒、高温烫伤等经历。这些受伤都是可以由提高自我防范的意识与加强自我保护的能力而避免产生的。

第二，放学回家时对交通安全抱有侥幸心理。访谈对象基本了解常用应急电话，知道不要乱闯红灯、走路要走斑马线，但是在放学后仍有部分学生会专注于和同学朋友的玩闹，忽视周围的交通环境，对社会礼仪规范缺乏正确认识，还未建立较强的社会公德意识，且认为现在大部分都是车让人或者交通路面一时半会儿都没有车辆经过，和朋友在马路边玩乐不会有太大的危险。

第三，学校隐私安全教育缺乏，未成年人身体防范意识不高。被提问是否知道哪里是自己隐私部位并且不能被他人触碰时，访谈对象表现出害羞或摇摇头不愿回答的态度，坦然说出来的人为少数。此外，小学对学生进行的性教育多是在五、六年级。这个年级段的学生正处在青春发育期，学校将班里的男女生分开，再分别选派男女老师给学生以课件的形式简单讲授一些青春期的性知识。这些教育的课程也是简单讲授，在给同学分发卫生用品之后结束。学生还了解到一些初步的生理卫生知识。

第四，学校学生自我保护教育方面，法律力量参与不足。由访谈得知，部分同学对于《未成年人保护法》的出台并不了解，了解该法律的同学也是通过政治课本等应试学习，不论是校方主动向未成年人宣传还是同学被动学习，法律力量在木耳镇学校开展自我保护教育中是参与不足的。

综合所述，笔者认为：木耳镇未成年人的自我保护能力有待加强；可以基于社会工作的小组工作方法，收集相关资料，为这些年龄层次不同的未成年人开展自我保护能力提升的小组工作。

（三）木耳镇未成年人自我保护能力的影响因素分析

1. 未成年人生活环境与家庭教育有限

木耳镇距离市中心约有 37 千米路程，属于农村乡镇。居民外出需要等待专门的区间车，外出时间较长，且附近娱乐场所较少。集市上摆摊售卖的多是老年人，青壮年外出打工的多，未成年人的托管教育主要交给老人。交通不便，再加上长辈抚养，木耳镇未成年人对外界信息了解得不充分、社会阅历较少，欠缺获取正确信息的渠道和独立判断的能力。

2. 学校的未成年人安全教育有待加强

木耳镇学校对学生的安全教育常通过教师开班会、微信家长群转发未成年安全教育视频等途径向孩子和家长宣传安全教育知识，多采用老师讲、同学听、家长看的形式。木耳镇石鞋小学在学生开学之初，在木耳镇应急办的支持下，为近200名学生开展了专门的安全知识教育活动，活动宣讲内容涉及学生日常行为安全、安全法律法规等内容。木耳镇中心小学以班级管理为单位，每个班都制定《安全卫生公约》。以校长为组长、各班主任为成员的安全工作领导小组，组织教师学习有关的法律法规和学校安全制度，进一步提高安全意识。利用晨会、班会等时间，向学生强调安全的重要性，强化行为规范教育，向学生讲解一些必要的安全常识。另外，坚持安全周检和月报制度，确保各个方面的安全。

以上两所学校都对学生进行了安全教育，但是对于法律的宣传普及仅仅涉及校园日常的日常管理，法律法规的教育也局限于教师，学生对与自身相关的《未成年人保护法》的内容了解很少，甚至没有听说过。

3. 复杂的社会环境因素

社会环境的安全，指保护未成年人免遭经济、精神、毒品、色情和网络以及其他有损未成年人福利的一切形式的伤害和剥削。其他有损未成年人福利的伤害包括对未成年人造成的意外伤害、校园及周边环境等给未成年人带来的伤害。木耳镇渝汉中学附近的斜坡处有不少商铺售卖烟酒，小卖部里有刮刮乐。

二、农村未成年人自我保护能力提升的小组工作实务过程

（一）小组工作介入的必要性和可行性

1. 小组工作介入的必要性

木耳镇未成年人的自我保护能力有待提升。小组工作的介入可以将具有共性问题和需求的木耳镇未成年人聚集在一起，通过集体学习与自我保护相关的知识，参与小组工作设计的活动、分享看法，有效地帮助木耳镇未成年人在活动中解决共性问题。

组员通过参加活动，一是能丰富自己的自我保护知识，提高自我保护能力，加深对周边环境的认识和辨别，增强自我的安全感。二是能加强木耳镇未成年人之间的联系交流，扩展其交际网络，丰富了未成年人的倾诉交流渠道。因此，小组工作介入木耳镇未成年人自我保护能力的提升是有必要的。

2. 小组工作介入的可行性

第一，契合小组工作的含义。小组工作是以具有共同需求或相近问题的群体为服务对象，经由社会工作者的策划与指导，通过活动及组员之间的互动和经验分享，帮助组员改善其社会功能，促进转变和成长，达到预防和解决有关社会问题的目标。木耳镇未成年人通过参加未成年人自我保护能力提升小组，在活动中穿插互动，帮助具有共同需求的未成年人在参与过程中学习巩固自我保护的知识，以最后实现自我保护能力的提升。

第二，能有效发挥小组工作理念模式的作用。社会目标模式、互惠模式、治疗模式、发展性模式是小组工作的四大理念模式。其中，互惠模式的焦点在于个人，也在于环境，更注重组员的互动以及团体情景。笔者设计热身游戏、有奖问答、情景剧模拟等多样的互动活动环节，在小组工作开展过程中营造良好的互助氛围和成长环境。

（二）小组工作特征

1. 名称和性质

本次小组工作的主题是提升未成年人的自我保护能力。名称为：做自己的小卫士。性质是：成长。

2. 人员招募

本次小组工作的组员主要为前期调查访谈的未成年人以及活动举办现场吸引的符合年龄的居民。

3. 活动场地

在当地镇政府的支持下，选择拥有多媒体教室、阅读室等活动场所的木耳镇文化服务中心为小组工作的场地。

4. 活动时间

选择在每周日的上午 10:00-11:00，持续 5 周，共计五次活动。

（三）小组工作目标

长期目标：

①提高未成年人的自我保护意识；

②加强未成年人应对危害的能力，面对危险时使用正确的应对方法。

短期目标：

①加强未成年人对自我的了解与认知，珍爱生命；

②加强隐私安全教育，保护好自己不受他人侵害；

③帮助未成年人了解《未成年人保护法》，做到知法、懂法、守法；

④引导未成年人自觉尊重与维护他人的合法权利。

（四）小组工作安排

表 7-2　五次活动安排表

序号	活动名称	活动目的	活动内容
第一次	认识你，认识我	1. 社会工作者、组员相互认识，建立关系； 2. 订立小组契约，加强小组凝聚力； 3. 协助成员了解自己是从哪里来的，加强珍爱生命的意识	1. 社会工作者与组员进行自我介绍； 2. 破冰游戏：雨点变奏曲； 3. 共同制定小组规范； 4. 学习生命安全教育主题 PPT； 5. 组员分享交流
第二次	保护我们的小秘密	1. 帮助组员认识自己的身体； 2. 了解男女的身体结构差异； 3. 加强未成年人对敏感部位的保护意识	1. 回顾； 2. 热身游戏：大风吹； 3. 身体结构拼图； 4. 隐私安全教育视频； 5. 组员分享交流
第三次	安全防护我知道	1. 帮助组员了解安全隐患； 2. 强化组员自我保护意识，提高安全警惕； 3. 了解防护措施，做好安全防护	1. 回顾； 2. 热身游戏：红绿灯； 3. 有奖问答； 4. 危害与防护主题 PPT 演示； 5. 组员分享总结
第四次	各抒己见法律小讲堂	1. 向未成年人宣传《未成年人保护法》； 2. 了解身边的保护渠道	1. 回顾； 2. 热身游戏：各抒己见； 3. 护苗之盾主题 PPT 演示； 4. 组员分享总结
第五次	身临其境强自护	1. 巩固之前学习过的自我保护知识； 2. 情景模拟，切身体会不同角色的行为态度，应对陌生情境下的问题，保护自己	1. 回顾； 2. 情景剧模拟； 3. 组员分享总结； 4. 回忆往昔、向往未来

1. 第一次活动：认识你，认识我

时间：2022 年 1 月 2 日

地点：木耳镇文化服务中心

组员：22 人

活动名称：认识你，认识我

（1）活动目标

①社会工作者、组员相互认识，建立关系；

②订立小组契约，加强小组凝聚力；

③帮助组员了解自己是从哪里来的，加强珍爱生命的意识。

（2）活动内容

表 7-3　第一次活动书

活动名称	活动目的	活动内容	活动时间	所需物资
自我介绍	自我介绍，认识彼此	1. 社会工作者自我介绍，说明此次活动的目的； 2. 组员签到； 3. 组员自我介绍了解彼此的姓名	10 分钟	多份社会二作者折页、签到表、签字笔
雨点变奏曲	促进组员之间的认识，加强彼此的亲密程度	破冰游戏，跺脚代表雷声，手指互相敲击代表小雨，手掌拍大腿代表中雨，大力鼓掌代表大雨，鼓掌加跺脚代表狂风暴雨	15 分钟	
订立契约	与组员约定，加强组员的稳定性	1. 社会工作者强调小组纪律的重要性； 2. 组员一起制定小组纪律，达成共识后，挑选一名组员将纪律写在白纸上	10 分钟	白纸、签字笔
人的诞生	正确了解生命的产生	1. 有奖问答； 2. 以 PPT 的形式向组员介绍人的诞生	15 分钟	奖品：水彩笔（25 支）
分享与交流	知识回顾	组员分享自己了解到的知识与体会并进行合影	5 分钟	

（3）过程分析

第一次活动主要是为了消除组员初次在一起的陌生感，缓解紧张气氛，拉近组员与社会工作者之间的心理距离，建立信任。另外，以科学的角度告诉组员生命的形成与诞生，使其对自己有进一步认识。

在活动开始前，社会工作者先要求到场的未成年人有秩序地签到，辅助社会工作者在一旁帮忙维持现场的秩序。

在签到完毕后，此次小组工作的两名社会工作者向组员进行简单的自我介绍、发放机构的社会工作者折页并告诉组员自己在活动中担任的角色与分工后，由组员进行自我介绍。部分组员在自我介绍的时候表现有些腼腆，不敢直视大家的目光，说话的声音较弱；社会工作者及时对组员进行鼓励。

所有人员自我介绍完毕后，社会工作者开始组织组员进行破冰游戏"雨点变奏曲"。两名社会工作者带着大家向中间聚拢并围成一个圆圈，一名社会工作者站在圈内进行示范和说提示词，一名社会工作者和组员坐在一起，和大家一同参与破冰游戏。在游戏中组员的拘束感渐渐消失，脸上也露出笑容。

游戏随着"小雨"的消失而结束。社会工作者对组员说明本次活动的内容、目的及意义，强调纪律和遵守纪律的重要性。随后拿出事先准备好的白纸，引导组员一起商讨本次活动应该遵守的规则。在组员制定规范之初，大家并没有拿定主意，部分组员向在场的社会工作者求助。社会工作者用生活的例子启发组员，鼓励组员制定自己的小组规范。制定规范后，由一名组员代表将规范写在白纸上，订立小组契约。

然后，开始第一次学习内容"人的诞生"。社会工作者首先就本次学习主题开展了有奖问答，在调动组员参与积极性的同时，也借机了解组员的知识掌握情况。之后，通过事先准备好的PPT向组员介绍婴儿是如何形成、出生并成长的，帮助参与活动的未成年人了解生命孕育成长过程，认识到生命的脆弱与可贵，保护好自己、远离不必要的伤害。

PPT展示完毕，社会工作者引导组员分享一下本次活动学到了什么、对这次活动的初步体会等。

部分交流如下：

社会工作者：我们这次活动学习的一个要点是生命的诞生。请问，"孩子是垃圾桶捡来的"这样的说法是错误的还是正确的？

组员A：是不对的。孩子并不是随随便便捡来的东西，是从妈妈的肚子里出来的。

社会工作者：嗯，那如果用科学的角度说明生命的诞生，应该怎么解释？专业术语记不清的，可以用自己的话说出来。

组员F：是由一个像鸡蛋的球体和一个"小蝌蚪"结合而来的。在这个过程中有很多"小蝌蚪"竞争。它们成功的概率很小。所以生命来之不易，要保护好自己。

（4）社会工作者评估与反思

理论的运用：从马斯洛需求层次理论出发，通过破冰游戏，组员进行互动，从这种联结中获得一种对自我的认同与存在的安全感。

本次活动优缺点：①优点，两名社会工作者在破冰游戏中扮演了不同的角色。主要社会工作者处于圆圈的中心位置，易于对全体组员从整体上进行适当的游戏节奏调整；辅助社会工作者坐在组员当中，能及时发现组员的特殊情况和反应，帮助组员加快对游戏的理解，在游戏中拉近与组员的距离。设置了有奖问答环节，通过提供奖品，在一定程度上提高组员参与问答活动的积极性，消除陌生感。社会工作者也能够通过此环节了解组员学习情况。②缺点，活动开始前期，组员与社会工作者仍处在尴尬期，多数组员对于小组工作的运作方式是陌生的，没有参加小组工作的经历。另外，第一次活动是在元旦假期举办的，除组员外还有其他围观的居民，社会工作者需要维护现场秩序，导致与部分组员互动较少。

社会工作者反思：社会工作者要做好组员的招募与人数控制，维持现场活动的秩序，在活动结束后多与组员进行交流。

目标达成情况：第一，社会工作者和组员认识并建立关系这一目标基本达成，但是碍于人数和时间的原因，未能与全部组员进行基本的活动参与感受的交流。第二，组员在社会工作者的帮助下成功订立了小组契约。第三，社会工作者通过讲解精子与卵子受精到胎儿的出生整个过程；在最后的分享交流环节中，多名组员提到了PPT内容，正确认识了生命的由来。

2. 第二次活动：保护我们的小秘密

时间：2022年1月9日

地点：木耳镇文化服务中心

组员：21人

活动名称：保护我们的小秘密

（1）活动目标

①帮助组员认识自己的身体；

②了解男女的身体结构差异；

③加强对自己身体的保护意识。

（2）活动内容

表 7-4　第二次活动书

活动名称	活动目的	活动内容	活动时间	所需物资
回顾	复习上次所学内容，衔接本次活动的开展	1. 组员签到； 2. 组员主动回忆上次活动学到的知识	5 分钟	签到表、签字笔
大风吹	热身游戏，调动组员的参与积极性	社会工作者首先说："大风吹！"组员随即回答："吹什么？"社工依据现场组员的穿着打扮或身体特征说"吹…的人"，具有该特点的人都要蹲下；否则就算失败，接受惩罚	10 分钟	
认识自己的身体	认识人的身体，了解男女的不同特征	将组员分成不同的小组，社会工作者向其发放身体结构拼图，让组员进行拼图；在拼图过程中了解男女的身体结构差异	20 分钟	身体结构拼图
隐私安全教育	提升未成年人对自己隐私部位的保护意识，正确分辨善意与恶意的身体接触	1. 社会工作者向组员播放身体结构儿童隐私安全教育视频； 2. 组员说出自己身上的隐私部位在哪里； 3. 社会工作者问组员哪些是善意的身体接触，组员可用动作展示回答	20 分钟	
分享与交流	梳理知识，强化学习成效	1. 对本次活动的内容及知识进行总结梳理； 2. 合影留念	15 分钟	

（3）过程分析

经历了第一次活动后，组员再次聚在一起显然没有了第一次的拘谨与不自在。活动开始前，社会工作者引导组员回忆上次活动的学习内容，对组员知识点模糊的地方进行再一次的解释说明。

在热身游戏"大风吹"中，社会工作者先带领组员进行两次的"大风吹"游戏，组员对社会工作者的示范进行观察学习，之后组员自由发挥。组员在体验中改变小组游戏的速度，体会不一样的心情。社会工作者则在一旁观察小组领袖的出现和组员内部的关系。

随后逐渐引入本次活动的主题——认识自己的身体。社会工作者拿出本次活动需要用到的身体结构拼图，将现场的组员随机分组，每组有男女身体结构拼图各一份，让组员动手拼图，对男女的身体结构差异有一个简单的认识。

原计划完成拼图后，给在场的组员进行 PPT 演示和播放隐私安全教育的视频，但是由于投影设备发生故障，无法正常使用。社会工作者改用备选方案——知识问答，奖品为签字笔。社会工作者就手上的宣传图片给组员再讲解一遍人体结构的不同、男女生需要保护的隐私部位以及遇到别人侵犯时应该怎么做，让组员掌握自我保护的方法。

知识学习完毕后，社会工作者邀请组员发言，说出自己的需要保护的隐私部位在哪里。再接着，社会工作者向组员提问：生活中的身体接触有很多，哪些身体接触是正常的，哪些身体接触是抱有恶意的？社会工作者鼓励组员用自己的动作或者与其他组员进行一个简单的示范以说明自己的答案。大家对善意的身体接触有不同的理解，有的组员说和同学一起打球是正常的身体接触，有的组员说做课间操不小心碰到别人也是正常的身体接触。但是，对不良的身体接触说的较少。这一部分由社会工作者演示说明，让孩子们加深印象。

最后是分享交流环节，社会工作者和组员一起回忆做了什么活动、在活动里学到了什么，并布置了复习本次学习内容的家庭作业。

（4）社会工作者评估与反思

理论的运用：从社会学习理论入手，通过身体结构拼图的形式让组员在自主拼图过程中对男女的身体结构差异有一个简单的认识，再观看隐私安全教育视频，在自主学习和集体学习的过程中巩固对性别差异的了解，加强自己的防范意识。

本次活动优缺点：①优点，第一，安排组员动手完成人体结构拼图，让组员对男女的身体结构差异有一个简单的认识，为之后的知识讲解奠定了基础；第二，鼓励组员自己用身体动作解释善意与恶意的身体接触，在此过程中组员观察其他人的动作并强化自己对这一层面的认识，加深记忆。②缺点，第一，未能及时在活动开始前进行设备调适，导致活动内容的宣传形式较为单一和枯燥，无法长久地吸引组员，专注力下降；第二，分发活动所用的拼图时，社会工作者未对拼图进行分类，现场秩序有些混乱。

社会工作者反思：社会工作者在开展活动前应该及时整理和确认活动所用到的设备及资材，做好准备工作，营造舒适的环境。

目标达成情况：社会工作者利用人体结构拼图让组员在实际操作中对男女的身体结构差异有了一个简单的认识，并在后续的解释说明中依据不同性别的拼图示意图向组员强调了男女生各自需要重点保护的隐私部位在哪里；社会工作者邀请组员上台简单介绍自己的身体结构和敏感部位，加深了组员对自己身体的认识程度；最后，组员用动作演示善意与恶意的身体接触，表明了组员对接触性质的区分有了一定的进步，保护自己身体的意识得到增强。

3. 第三次活动：安全防护我知道

时间：2022 年 1 月 16 日

地点：木耳镇文化服务中心

组员：21 人

活动名称：安全防护我知道

（1）活动目标

①帮助组员了解安全隐患；

②强化自我保护意识，提高安全警惕；

③了解防护措施，做好安全防护。

（2）活动内容

表 7-5　第三次活动书

活动名称	活动目的	活动内容	活动时间	所需物资
回顾	复习上次所学内容，衔接本次活动的开展	1. 组员签到； 2. 组员主动回忆上次活动学到的知识	5 分钟	签到表、签字笔
红绿灯	热身游戏，调动组员的参与积极性	红灯为双手抱头，绿灯为原地立正，黄灯为双手抱胸。全部组员起立，发出指定的信号灯颜色即做出该颜色对应的动作。做错的，淘汰；正确的，继续进行	10 分钟	
危害与防护	帮助组员了解日常生活中可能遇到的安全隐患与防护措施	1. 社会工作者问组员知道哪些安全隐患； 2. 社会工作者利用 PPT 向组员展示日常生活中可能遇到的安全隐患与应对防护方法（一一对应）。	30 分钟	

续表

活动名称	活动目的	活动内容	活动时间	所需物资
分享与交流	梳理知识，强化学习成效	1. 组员分享本次活动学到的知识； 2. 社会工作者对本次活动的内容进行总结梳理； 3. 合影留念	10分钟	

（3）过程分析

第三次活动，部分组员已经对活动开始前的知识回顾环节很熟悉，表现积极。组员到齐、完成签到后，社会工作者向组员提问，检查上次布置的家庭作业，了解组员上次活动的学习效果以及印象。在提问的过程里，在上次活动中上台展示说明的组员对身体敏感部位的保护意识较强，而且回答积极性很高。

由于本次活动主题是安全意识的层面，社会工作者安排了"红绿灯"热身游戏。大家对交通规则很熟悉，由于涉及具体的动作内容，组员会有出错的现象，但是组员情绪很高，即使出错、退出游戏，大家还是十分投入。

热身完毕后，社会工作者询问组员：在生活中存在哪些安全隐患？组员举手回答：刚煮开的热水壶不要碰，也不能轻易靠近火源，不要随意挤电梯，等等。

问答完毕后，社会工作者便开始给组员播放PPT，讲解日常生活中的安全隐患，如拥挤踩踏、扭伤、动物咬伤应急处理以及集体外出活动、防抢劫、乘公交车安全、过红绿交通灯安全等，再根据不同情况下的安全隐患向组员普及正确的应对措施，还有不同的报警电话，以便发生危险紧急情况下，能够得到最有效的帮助。

最后，组员分享学到的知识和感受。

组员 H：今天这次课讲的是安全隐患和怎么应对的内容。我知道了在假期里跟家人出去玩的时候，要紧跟在家人的身边；不然会在人流中找不到自己的亲人。

组员 B：我知道了在放学回家的路上，不要光顾着和同学玩，还要注意路上的交通安全，不轻易与陌生人交谈。

组员发言后，社会工作者对本次活动内容和要点进行总结，强调保持安全警惕的重要性。

（4）社会工作者评估与反思

理论的运用：基于马斯洛需求层次理论的安全需求，通过互动问答的环节，让组员在问答中了解自己所在的社会环境中的安全隐患并懂得如何正确有效地应对安全问题。

本次活动优缺点：①优点，一方面，社会工作者先向组员提问日常生活中的隐患，在组员分享的过程中，让其他组员耐心地听其介绍，组员之间交流自己认为的生活隐患或是需要注意的事物，在加深组员彼此的联系的同时更能帮助组员获知更多的生活安全注意事项；另一方面，社会工作者通过具体的新闻实例让未成年认识到不保持安全警惕、忽视生活的安全隐患可能会导致的后果，认识到防范措施对保护自己生命安全的重要性，加强未成年人对身边危险的防范与自我保护意识。②缺点，在组员介绍自己知道的生活隐患时，部分打闹的孩子破坏了现场分享聆听的氛围；社会工作者对于这类孩子的行为缺乏较好的应对措施，未能及时处理好问题而导致一些分享的组员情绪不佳。

社会工作者反思：第一，不断学习和完善自己的专业能力，提高对组员行为、情绪的观察，及时调整小组计划，维护小组工作的健康发展；第二，积极鼓励和促进组员平等互动，创造良好的学习环境。

目标达成情况：社会工作者鼓励组员分享自己知道的生活隐患，组员在聆听他人经验的同时巩固自己对这类知识的印象，主动了解自己不知道的安全隐患。社会工作者根据真实事例为组员讲解忽视安全可能会带来的后果，使组员认识到保持安全警惕的重要性，分析这些意外事故发生的原因以及如何做好防护措施，并掌握自我保护的安全小技能。

4. 第四次活动：各抒己见法律小讲堂

时间：2022 年 1 月 23 日

地点：木耳镇文化服务中心

组员：20 人

活动名称：各抒己见法律小讲堂

（1）活动目标

①向未成年宣传《未成年人保护法》；

②帮助未成年人了解身边的保护有哪些，如何寻求帮助；

③帮助未成年人知法、懂法。

（2）活动内容

表 7-6　第四次活动书

活动名称	活动目的	活动内容	活动时间	所需物资
回顾	复习上次所学内容，衔接本次活动的开展	1. 组员签到； 2. 组员回忆上次活动学到的知识	5分钟	签到表、签字笔
各抒己见	热身游戏，在调动组员的参与积极性的同时了解组员对《未成年人保护法》的理解	社会工作者说："在法律小讲堂，请大家畅所欲言。" 1. 组员可从宣传手册中选择不同的内容进行个人的理解或举例，了解组员的分析力、个人观点、立场等； 2. 社会工作者不下结论，但要赞赏组员的表达及互相尊重的态度	10分钟	《未成年人保护法》宣传手册
护苗之盾	向组员宣传《未成年人保护法》，了解保护渠道	1.PPT 介绍和讲解《未成年人保护法》； 2. 知识问答	15分钟	有奖问答奖品：多色圆珠笔
分享与交流	梳理知识，强化学习成效	1. 组员分享本次活动学到的知识； 2. 社会工作者对本次活动的内容进行总结梳理； 3. 合影留念	10分钟	

（3）过程分析

在活动开始前对上次活动的主要内容进行回顾，重点在于确认组员对生活隐患的认识情况以及举例说明自己知道的隐患情况、对应的解决方法。

组员简单回顾后，社会工作者向组员介绍本次活动的主要内容并向组员分发《未成年人保护法》宣传手册，让组员用 5 分钟的时间阅读宣传手册。开始本次活动的热身游戏"各抒己见"。组员在游戏"各抒己见"中选择最多的是学校保护和家庭保护，学校保护的内容来源于组员在学校中的经历，并且通过法律内容的阅读和自我意见的表达对保护的内容有了更深入的理解，也明白了在学校遇到类似违法现象时应该求助于谁、如何处理。

游戏结束后，引入本次主题——《未成年人保护法》的介绍和讲解。由于法律本身的严肃性，PPT 的内容设置以文字说明为主，实际操作方式比较单一，年龄较小组员的注意力容易被其他事物转移，现场的气氛不是很活跃。主讲社会工作者调整讲解的语气，与此同时借助靠近讲台的组员一起进行简单事例的表演互动，说明《未成年人保护法》的六大保护涉及生活的哪些领域，便于组员理解和区分保护渠道的类型。为了进一步调动组员的积极性，社会工作者依据《未成年人保护法》涉及的知识领域设置了一些小问题，进行抢答。最快说出正确答案的组员可以获得彩色圆珠笔奖品一份。在抢答过程中组员的积极性有明显提升。在回答基础问题时，组员的参与度最高，但是对于迷惑的选项也出现了意见分歧。比如，保护未成年人的基本原则是什么？A 选项：最有利于未成年人原则；B 选项：合法性原则；C 选项：平等保护原则；D 选项：特殊、优先保护原则，组员容易在 A 和 D 选项中纠结。这时社会工作者提示大家对刚才演示过的 PPT 内容进行回忆或者查阅一下手中的《未成年人保护法》宣传手册，确认自己的答案。

完成抢答后，社会工作者稳定组员的情绪，带领大家一起对本次活动的内容进行梳理和总结。

（4）社会工作者评估与反思

理论的运用：基于马斯洛需求层次理论中的安全需求，社会工作者向组员介绍与未成年密切相关的《未成年人保护法》，再借助现实实例与《未成年人保护法》结合，帮助组员了解国家为保护未成年群体制定的法律，做到知法、懂法。

本次活动优缺点：①优点，第一，社会工作者在主题 PPT 宣讲前向组员分发了《未成年人保护法》宣传手册，让大家阅读后再开始正式的宣传教育，是一个循序渐进的过程，能够帮助组员更好地了解《未成年人保护法》；第二，社会工作者依据现场组员的情况，适时调整说话的语气并设置知识抢答比赛，调动了气氛，不清楚答案的时候让组员对先前的知识点进行回忆，加深对《未成年人保护法》的了解，满足未成年人的安全需要。②缺点，文字说明较多，活动体验较为枯燥，组员对知识的接纳性不高。

社会工作者反思：社会工作者应结合未成年人的心理特点调整活动的开展方式，让组员能够以更好的状态去学习。

目标达成情况：社会工作者向组员分发《未成年人保护法》宣传手册，同时设置"各抒己见"的个人看法交换环节，组员对《未成年人保护法》有了初步的了解，在此基础上再以 PPT 演示的方法系统地向组员介绍《未成年人保护法》的六大保护内容并穿插知识问答；依据法律条文给出具体的生活情景，不仅给组员宣传了《未成年人保护法》，还让未成年人知道身边的保护有哪些、如何获取帮助，基本做到了知法、懂法。

5. 第五次活动：身临其境强自护

时间：2022 年 1 月 30 日

地点：木耳镇文化服务中心

组员：20 人

活动名称：身临其境强自护

（1）活动目标

①强化组员自我保护意识；

②通过情景模拟，让组员在体验中了解如何在陌生情境中进行自我保护。

（2）活动内容

表 7-7　第五次活动书

活动名称	活动目的	活动内容	活动时间	所需物资
回顾	复习上次所学内容，衔接本次活动的开展	1. 组员签到； 2. 组员回忆上次活动学到的知识	5 分钟	签到表、签字笔
身临其境	让组员自己演绎陌生人对话的场景，在实践中体会所学到的自护知识	社会工作者设置不同的陌生人对话场景，以抽签的形式让组员选择，分配不同的搭档并进行情景演绎	30 分钟	纸签
分享与交流	梳理知识，加强学习成效	1. 组员分享本次活动学到的知识； 2. 回忆往昔、向往未来：社会工作者对活动进行总结，组员互赠寄语	20 分钟	

（3）过程分析

组员签到后，社会工作者引导组员复习上次活动的知识并发言。由于纯文字性学习内容较多，部分组员临近期末考试复习，在回顾环节组员回答的主要是基础性的知识，其他的具体解释由社会工作者进行补充说明。

这是最后一次活动。综合前四次活动的内容，社会工作者在编写计划书时设置了"身临其境"组员情景模拟环节。在情景模拟环节开始前，社会工作者先让组员按自己的意愿与其他组员进行组队。随后，辅助社会工作者拿出之前准备好的写有情景对话的纸签让各小队的代表进行抽签。纸签的情景设置为陌生人搭讪、陌生人敲门、遇到陌生人抢劫等。大家在抽取纸签时表现得很兴奋，拿到纸签后发现情景对话不是很难，便开始在组内进行角色的分配。

在情景模拟中，部分组员有较强的表演欲望，对于一些角色的表达会做出比较夸张的动作，引得在场的其他人哈哈大笑。在这个过程里，一些组员还会给正在表演的组员提出表演的意见，如扮演抢劫的坏人时语气应该要像电视剧里那样语气强硬、动作要有气势等。大家在这一阶段的表演兴致和现场的气氛都很好，表演者通过在情景模拟里的角色扮演体会不同人物的行为态度，观看者也借他人的表演强化自己在危险情景中的自我保护意识并掌握应对的方法，做到对前面一些知识的回顾与巩固。

情景模拟环节之后，社会工作者让组员回到各自的座位上，向组员说明此次活动基本完成并鼓励组员自由发言，谈谈此次小组工作的体验或者在开展的活动中对自己最有帮助、印象最深刻的部分。

组员 A：今天的情景模拟很有趣。以前我并没有参与过这种类型的活动。轮到自己表演的时候还有些紧张，表演很简短，但是也跨出了自己的一小步。看别人表演的时候，我还下意识地想到了之前讲过的内容，情景模拟里的那个朋友下一步应该怎么应对自己遇到的危险。

组员 C：我也觉得今天的情景模拟最有趣，因为自己也参与了表演。之前有奖问答的时候，自己的速度比其他人慢了一点，所以自己的体验感不是很高。

组员 J：我第一次参与这样的活动，在活动里能学到知识、认识朋友，但是这个活动要结束了，有点难过。

社会工作者对组员的发言表示了肯定，并对有离别情绪的组员及时做好安抚，最后对前几次活动的内容进行梳理，和组员一起回忆活动里讲过的知识和应对技巧。小组工作完成后，社会工作者向组员发放参与者满意度调查问卷，并和组员合影留念。

（4）社会工作者评估与反思

理论的运用：基于马斯洛需求层次理论和社会学习理论，社会工作者让组员在情景模拟中自行分配角色并合作表演。表演者在情景模拟中巩固自护知识，强化自己对知识的掌握与成就感。

本次活动优缺点：①优点，第一，通过情景模拟还原真实场景，让组员自行分配角色，亲自演绎，在角色扮演里体会不同角色的行为态度，体会在之前几次活动中学习过的应对方法，强化组员对知识的记忆与应用；第二，在分享与交流环节，社会工作者对以往活动中做了什么、学了什么等进行系统的梳理，帮助组员了解自己在小组工作的收获，也帮助组员在整体上对小组工作进行合理的评估。②缺点，在情景模拟环节给组员的准备时间较少，表演过程中容易出现组员忘词的现象，情景模拟缺少连贯性。

社会工作者反思：应该给予充分的准备时间，让组员了解自己的角色，记住台词，体会人物的行为态度，做出更好的表演。

目标达成情况：社会工作者通过带领组员进行了情景模拟，组员通过角色分配和扮演，切身体验了情景模拟里的人物的行为和态度，让组员进行情景模拟的目标基本达成；同时，组员在情景模拟过程中重温之前学过的防护知识和应对方法，有组员能对情景模拟的问题预想解决方法，组员的自我保护能力得到了提升。

三、小组工作介入实务过程的评估

（一）评估方式

评估方式主要采用过程评估和结果评估两种方式。

过程评估：对小组工作整个过程进行评估，社会工作者在每次活动过程中记录组员的行为及情绪表现，了解组员对活动内容的反馈，依据组员的反馈及时调整小组工作的内容形式与设置。

结果评估：在小组工作结束时收集组员对活动内容、社会工作者表现等方面的评价，以检测是否实现了预定目标。本研究以服务对象的出勤率和服务对象满意度调查数据检测活动成效，以及利用电话回访的形式对之前参与活动的组员进行跟进测量，检验小组工作对其自我保护能力的提升是否有效。

（二）评估指标

服务对象的出勤率：以第一次活动订立契约的总人数为标准，再依次计入下一次活动签到人数直至最后一次活动，统计五次活动签到人数（即出席人数）并进行百分比计算，呈现活动参与人数的波动情况。

服务对象满意度调查表：基于参与度和满意度两个维度设计量表。在参与度设置上，了解组员在活动中的体验舒适度和分享交流程度。在满意度设置上，了解组员对社会工作者表现的评价、场地与时间的安排、对活动效果的评价。评价分为五项（等级）：第一项 5 分代表非常满意，第二项 4 分代表比较满意，第三项 3 分代表一般，第四项 2 分代表不确定，第五项代表不满意。

（三）评估结果

1. 出勤率评估

表 7-8　出勤率统计表

	序号	1	2	3	4	5
出席情况	出席人数	22	21	21	20	20
	出席率	100%	95%	95%	90%	90%

从组员的出勤率变动来看，第一次活动时全员到齐，但是自第二次活动人数相比第一次活动都出现了减少的现象，其中第三、四次活动甚至出现了人数再次减少的情况。这说明小组工作的内容设置存在问题，未能满足所有组员的服务需求，活动的

稳定性欠佳。

2.满意度量表评估

服务对象满意度调查表上共有两个维度：参与度与满意度。笔者首先对收集到的 20 份问卷数据进行录入，然后使用 SPSS 软件对量表整体进行信度检验，并对参与度、满意度进行信度检验。依据软件检测结果编制信度检测表，如表 7-9 所示。

表 7-9　量表信度检测表

维度	克隆巴赫 Alpha	项数
参与度	0.725	2
满意度	0.807	6
量表整体	0.850	8

通常克隆巴赫系数（Cronbach α）的值在 0 和 1 之间。如果 α 系数不超过 0.6，一般认为内部一致信度不足；达到 0.7—0.8 时表示量表具有相当的信度，达到 0.8—0.9 时说明量表信度非常好。在表 7-9 中参与者满意度调查量表的单一维度和整体维度的克隆巴赫系数均大于 0.7，由此可以得出本量表的项数据一致性较高，参与者对此次小组工作的评价是真实有效的。

笔者为了进一步了解组员对小组工作的评价，还对量表进行了描述统计。如表 7-10 所示，参与度的平均值为 2.02，接近 2，原始量表中第 2 选项为比较满意。通过本次调研，组员对于未成年人自我保护能力提升的体验较好，满意度的平均值为 1.93，接近 2，原始量表中的第 2 选项为比较满意。由此可以判断组员对本次小组工作较为满意。

表 7-10　描述统计表

	数字	最小值（M）	最大值（X）	平均值（E）	标注偏差
满意度	20	1.00	2.83	2.0167	.48335
参与度	20	1.00	2.50	1.9250	.46665

3. 电话访谈评估

在实践活动结束后，为了解小组工作的效果，笔者选用电话回访的形式对部分组员进行跟进测量，观察其自我保护能力的变化。

部分谈话记录如下：

社会工作者：之前参加自护能力小组。现在过了几个月，你对我们的活动还有印象吗？

组员：现在只能记个大概了。

社会工作者：那我就具体的知识点问一问你。你如实回答就好。还记得我们第二次活动拼过的身体结构拼图吗？就你个人而言，身上哪些地方是属于个人隐私，而且不能轻易被他人触碰的呢？

组员：啊！我记得那个拼图。我是和其他人一起拼的。自己身上的隐私部位是胸、屁股，还有上厕所尿尿的地方。

社会工作者：嗯嗯，说得很对。那你知道怎么区分善意和恶意的身体接触吗？

组员：我觉得和同学们一起玩游戏不小心打到手之类的是善意的身体接触；如果被他人故意碰到自己，受伤了或者不舒服就是恶意的。

社会工作者：意思就是说，我们可以通过对象和接触部位，还有自己的感觉来判断，对吧？

组员：对。

社会工作者：如果是熟人触碰到你的隐私部位，你会怎么样？

组员：我会不开心，拒绝他，还要和家长说这件事。

综上所述，组员经过几个月后对活动印象已经不太深刻，但是通过与社会工作者的沟通和提问，对于活动中所学的知识有一定的记忆，懂得区分他人接触身体的性质好坏，强化了自我保护意识，自我保护能力也有了相应的提高。

第三节 结论与反思建议

一、研究结论

本研究是借助小组工作方法，开展未成年人自我保护主题活动，帮助组员提升自我保护能力的实务研究。以马斯洛需求层次理论和社会学习理论为支撑，在活动内容上加入了有奖问答、知识问答、情景模拟等形式，促进组员对自我保护知识的认识与理解运用。综合过程评估和结果评估两种评估形式，对本研究的小组工作的效果进行评估。评估结果肯定了小组工作介入对未成年人自我保护能力的提升有一定的积极效果。

首先，帮助未成年人正确认识了生命的发展过程，树立正确的生命观。其次，普及了隐私安全教育，教会组员区分不同身体接触的性质，强化自我保护意识。最后，通过指出生活中的隐患和介绍应对方法，帮助组员分辨生活中的安全隐患。另外，还向未成年人宣传了《未成年人保护法》。

在开展本研究之前，与未成年人保护相关的社会工作内容较少。笔者运用小组工作方法为木耳镇未成年开展了提升自我保护能力的活动，为实务研究做了一定的内容补充。

小组工作的优势，不仅在于将身份特征相同的组员聚在一起交流，还让组员在集体的社会环境中进行主动和被动的学习，加深对自我保护知识的了解、掌握自我防范的技能。总之，小组工作方法介入未成年自我保护能力的提升是有积极作用的。

二、反思

（一）目标

小组工作计划书中预期设立的提高未成年人自我保护意识和加强未成年人应对危害的能力的长期目标基本实现，但是短期目标内的引导未成年人自觉尊重与维护他人的合法权利这一点未在实际活动过程中显现。小组工作的重点转变为对《未成年人保护法》的了解。计划与实际活动存在差异。

（二）设计

初期活动设置的内容较为丰富和易于理解，对知识的接纳程度高，组员参与较为涌跃。中后期，第三次与第四次活动内容存在重复。第三次活动"安全防护我知道"和第四次活动"各抒己见法律小讲堂"，从未成年人角度来看，两次活动内容相似，只是切入的角度不同，导致组员对下一次活动失去兴趣。社会工作者需要换位思考，除了从社会工作者个人的预期设想出发外，还要站在服务对象的视角检查环节设置是否有不当之处。

（三）过程

组员的人数较多，组员的个别情绪难以被社会工作者注意到或是注意到时间比较晚，组员参加活动的积极性降低，小组工作向其提供的服务质量也有所下降。除了未及时洞察组员情绪外，还有对组员打闹现象的管理问题；社会工作者对组员的约束力不高，需要多次对其提醒才能重新恢复秩序。社会工作者应当加强对活动的观察，及时发现和解决问题。

该小组工作是笔者第一次开展小组工作，遇到第一次活动人数较多的情况下无法及时稳定组员，组员动态的把握、活动的推进仍有很大的改进空间。此外，由于社会工作者自身性格特点等因素影响，在活动过程中未能充分调动组员积极性，需要巩固理论知识、提高工作素质与技能。

三、建议

社会各方齐心协力才能助力未成年人的健康成才。为此,笔者从国家、社会、学校、家庭等四个方面给出建议。

(一)国家层面

加强国家层面对未成年人保护建设的顶层设计。民政部门在具体工作中做到监护落实。另外,加强对社会工作者队伍的支持与培育。社会工作者是建设未成年人保护工作的一大专业力量。国内对于社会工作这一学科的认识与接纳程度还有很大的提升空间。

(二)社会层面

未成年人常住的社区应该充分利用其地区优势资源,倡导加强对未成年人关心与保护,营造重视未成年人保护工作的氛围,让未成年人在耳濡目染中了解自我保护的知识,懂得如何自我保护,提升自我保护能力。

(三)学校层面

采取有效措施加强未成年人的自我保护教育,切忌片面追求教学目标达成。提倡老师开展专业的安全教育知识培训或讲座,建立常态化的校园安全监管机制。转变教学方式,向学生普及自我保护知识,有效开展自我保护教育。

(四)家庭层面

鼓励家长积极参与家庭建设、家风教育等主题活动,在活动中学习相关的知识,提升教育子女的能力,同时积极地与孩子进行沟通互动,站在未成年人的角度发现生活中可能存在危险的事物并及时地告知,避免不必要的伤害发生,维护未成年人健康成长的良好环境。

附件 1

关于木耳镇未成年人自我保护能力的调查问卷

尊敬的同学：

您好！我是木耳镇社工站的工作人员。为了更好地了解木耳镇未成年人自我保护能力现状，特别展开这次调查。您的建议将会为我们后续开展的活动提供宝贵意见，非常感谢您抽出时间填写这份调查问卷！

1、您认为珍爱生命是否重要？

    A 是　　　　　　B 不是

2、您是否了解生命的形成与诞生？

    A 了解　　　　　B 不了解

3、您知道常用求救电话吗？

    A 知道　　　　　B 不知道

4、是否在生活中被烫伤、触电、摔跤跌倒而受伤过？

    A 是　　　　　　B 不是

5、你的自我保护的知识是从哪些渠道学习的？（多选）

    A 学校班会　　B 抖音等短视频媒体　　C 家长叮嘱　　D 书籍、安全手册

6、你觉得生活环境里是否存在危险？

    A 是　　　　　　B 不是

7、放学回家是否会随时注意安全？

    A 会　　　　　　B 不会

8、你是否知道身上哪些地方是敏感部位?

    A 是   B 不是

9、家人或亲人是否可以触碰这些敏感部位?

    A 是   B 不是

10、学校是否有普及过性教育?

    A 是   B 不是

11、你是否知道《未成年人保护法》?

    A 是   B 不是

12、学校是否有安排专门的课时介绍《未成年人保护法》?

    A 是   B 不是

13、你知道《未成年人保护法》的具体内容吗?

    A 知道   B 不知道

附件 2

活动意见表

感谢您参加本次主题活动，这份问卷的目的是收集您对本活动的意见，以改善社工服务。请您根据自己对本次活动的体验和感受选择最能代表您意见的答案 "√"，您的意见将会被保密，而您给予的意见并不会影响您现时或将来所接受的服务。感谢您对本项目的支持！

填表日期：　　年　　月　　日

活动名称：

活动时间：			活动地点：				
参评人员	评估类别	评估项	非常满意 5分	比较满意 4分	一般 3分	不确定 2分	不满意 1分
活动成员	参与度 测评	我在本次活动中很放松					
		我愿意与其他成员交流、分享					
	满意度 测评	我满意社工的表现					
		我满意场地的安排					
		我满意时间的安排					
		我觉得这次活动很有趣					
		我满意活动的内容、主题					
		我对本次活动的整体评价					
	对本活动 的意见或 其他建议	在本次活动中，对哪个环节最感兴趣： □ ×× □ ×× □ ×× □ ×× □ ××					

参考文献

一、中文专著

[1] 费孝通. 乡土中国（修订本）[M]. 上海：上海人民出版社，2016：23-29.

[2] 风笑天. 社会学研究方法 [M]. 北京：中国人民大学出版社，2005：258

[3] 风笑天. 社会研究方法 [M]. 北京：高等教育出版社，2014：233.

[4] 风笑天. 社会研究方法 [M]. 北京：中国人民大学出版社，2018.

[5] 冯仕政. 社会治理新蓝图 [M]. 北京：中国人民大学出版社 .2017：61-62.

[6] 顾东辉. 社会工作理论 [M]. 上海：上海译文出版社，2005：79-108.

[7] 科尔曼著. 社会理论的基础 [M]，邓方译，北京：社会科学文献出版社，1999.

[8] 林崇德. 发展心理学 [M]. 北京：人民教育大学出版社，1995：252.

[9] 刘梦. 小组工作 [M]. 高等教育出版社，2003.

[10] 皮特·何，瑞志·安德蒙. 嵌入式行动主义在中国：社会运动的机遇与约束 [M]. 李婵娟译，北京：社会科学文献出版社 .2012.

[11] 任慧颖. 非营利组织的社会行动与第三领域的建构 [M]. 上海大学出版社，2009.

[12] 孙宏伟. 心理危机干预（第二版）[M]. 人民卫生出版社，2018：39-82.

[13] 泰勒. 市民社会的模式. 载邓正来、亚历山大. 国家与市民社会：一种社会理论的研究路径 [M]. 冯青虎译. 北京：中央编译出版社.1999.

[14] 王浦劬，莱斯特.M.萨拉蒙. 政府向社会组织购买公共服务研究：中国与全球经验分析 [M]. 北京：北京大学出版社.2010 年.

[15] 王思斌. 社会工作综合能力 [M]. 北京：中国社会出版社，2010：32.

[16] 王颖，折晓叶，孙炳耀. 社会中间层 —— 改革与中国社团组织 [M]. 中国发展出版社.1993.

[17] 张静. 国家与社会 [M]. 杭州：浙江人民出版社.1998.

[18] 郑杭生. 社会学概论新修 [M]. 北京：中国人民大学出版社，2003.

二、外文专著

[1] Dunn D. S., Uswatte G., Elliott T. R. *Happiness and resilience following physical disability*[M]. The Oxford handbook of positive psychology, 2017.

[2] Goleman D. *Emotional intelligence*[M]. New York: Bantam books, 1995: 34.

[3] Ibrahim A. Ragab. *Authentization of Social Work in Developing Countries*[M]. Egypt: Integrated Social Services Project, 1982.

[4] James Midgley. *Professional Imperialism: Social Work in the Third World*[M]. London: Heinemann, 1981: 170.

[5] Mel Gray, Coates John, Bird Michael-Yellow. *Indigenous social work around the world: Towards culturally relevant education and practice*[M]. Ashgate Publishing, Ltd., 2008: 1.

[6] Mitchell J. C. *The concept and use of social networks*[M]. Social networks in urban situations. 1969.

三、中文期刊

[1] 鲍云城. 小学生性自我保护能力培养研究 [D]. 沈阳师范大学，2016.

[2] 蔡斯敏. 行业组织的结构、行动与关系塑造 —— 以 B 市高新科技园区 Z 区为例 [J]. 社会发展研究，2019，6（04）：154-179+241.

[3] 曹飞廉，陈健民. 当代中国的基督教社会服务组织与公民社会 —— 以爱德基金会和上海基督教青年会为个案 [J]. 开放时代，2010（09）：119-135.

[4] 陈芳，方长春. 家庭养老功能的弱化与出路：欠发达地区农村养老模式研究 [J]. 人口与发展，2014，20（01）：99-106.

[5] 陈功，吕庆喆，陈新民.2013 年度中国残疾人状况及小康进程分析 [J]. 残疾人研究，2014（02）：86-95.

[6] 陈华峰，陈华帅. 婚姻状态对老年负性情绪影响的队列研究 [J]. 中国心理卫生杂志，2012，26（02）：104-110.

[7] 陈建国. 政社关系与科技社团承接职能转移的差异 —— 基于调查问卷的实证分析 [J]. 中国行政管理，2015（05）：38-43.

[8] 陈娟. 复合治理：城市公共事务治理的路径创新 —— 以杭州"社会复合主体"实践为视角 [J]. 中共浙江省委党校学报，2011，27（04）：70-76.

[9] 陈军. 新征程上加快建设中国特色社会工作 [J]. 中国社会工作，2022，No.502（34）：10-11.

[10] 陈鹏. 中国社会治理 40 年：回顾与前瞻 [J]. 北京师范大学学报（社会科学版），2018，No.270（06）：12-27.

[11] 慈勤英，宁雯雯. 家庭养老弱化下的贫困老年人口社会支持研究 [J]. 中国人口科学，2018（04）：68-80，127.

[12] 崔燕改. 农村养老状况与方式选择的实证分析 —— 以河北省藁城市为例 [J]. 南京人口管理干部学院学报，2006（03）：28-31+36.

[13] 邓金霞. 地方政府购买公共服务"纵向一体化"倾向的逻辑 —— 权力关系

的视角 [J]. 行政论坛，2012，19（05）：31-36.

[14] 董妍，俞国良. 青少年学业情绪对学业成就的影响[J]. 心理科学，2010，33（04）：934-937+945.

[15] 董运来，王艳华. 易地扶贫搬迁后续社区治理与社会融入 [J]. 宏观经济管理，2021，（09）：81-86+90.

[16] 杜晓利. 富有生命力的文献研究法 [J]. 上海教育科研，2013（10）：1.

[17] 杜亚男，邱纪方，邢赛春. 浙江省肢体残疾人生活质量及心理健康状况调查 [J]. 预防医学，2017，29（02）：121-124.

[18] 段成荣，吕利丹，王宗萍. 城市化背景下农村留守儿童的家庭教育与学校教育 [J]. 北京大学教育评论，2014，12（03）：13-29+188-189.

[19] 对外经济贸易大学与社会科学文献出版社. 城市社区蓝皮书：中国城市社区建设与发展报告（2022）[R]. 北京：对外经济贸易大学，2023.

[20] 范明林. 非政府组织与政府的互动关系 —— 基于法团主义和市民社会视角的比较个案研究 [J]. 社会学研究，2010，25（03）：159-176+245.

[21] 方静文. 时空穿行 —— 易地扶贫搬迁中的文化适应 [J]. 贵州民族研究，2019，40（10）：52-57.

[22] 费孝通. 家庭结构变动中的老年赡养问题 —— 再论中国家庭结构的变动 [J]. 北京大学学报（社科版），1983（03）：6-15.

[23] 冯华超，钟涨宝. 社会经济转型与代际关系变动 [J]. 山西师大学报（社会科学版），2014，41（02）：1-6.

[24] 高灵芝. 论老年弱势群体社会支持体系的构建 [J]. 理论学刊，2003（04）：123-124.

[25] 葛亮. 我国城郊农村社区养老服务存在的问题与对策研究 [D]. 山东大学，2021.

[26] 顾昕，王旭. 从国家主义到法团主义 —— 中国市场转型过程中国家与专业团体关系的演变 [J]. 社会学研究，2005（02）：155-175+245.

[27] 管兵. 竞争性与反向嵌入性：政府购买服务与社会组织发展 [J]. 公共管理学报，2015，12（03）：83-92+158.

[28] 何倩倩. 老龄化背景下农村家庭养老困境与应对 —— 基于两代老人共存现象分析 [J]. 贵州社会科学，2021（08）：151-158.

[29] 何艳芝. 社会支持对丧偶老人心理健康状况的影响研究 [D]. 湖南师范大学，2016.

[30] 贺寨平. 国外社会支持网研究综述 [J]. 国外社会科学，2001（01）：76-82.

[31] 贺寨平. 农村老年人社会支持网：何种人提供何种支持 [J]. 河海大学学报（哲学社会科学版），2006（03）：9-12+63+92.

[32] 贺寨平. 社会经济地位、社会支持网与农村老年人身心状况 [J]. 中国社会科学，2002（03）：135-148+207.

[33] 胡世文. 后脱贫时代农民美好生活的价值意涵、实践进路与现实保障 [J]. 领导科学，2021，（10）：93-96.

[34] 胡万钟. 从马斯洛的需求理论谈人的价值和自我价值 [J]. 南京社会科学，2000（06）：25-29.

[35] 黄河清. 家庭教育与学校教育的比较研究 [J]. 华东师范大学学报（教育科学版），2002（02）：28-34+58.

[36] 黄晓春，嵇欣. 非协同治理与策略性应对 —— 社会组织自主性研究的一个理论框架 [J]. 社会学研究，2014，29（06）：98-123+244.

[37] 黄晓燕，张凡丽. 小组工作介入流动儿童自我保护能力研究 —— 以天津市N社区为例 [J]. 社会福利（理论版），2019（07）：42-46+52.

[38] 黄秀女，伍德安. 养老服务何去何从 —— 对家庭养老资源的评价与思考 [J]. 江西财经大学学报，2015（06）：65-74.

[39] 纪莺莺. 转型国家与行业协会多元关系研究 —— 一种组织分析的视角 [J]. 社会学研究，2016，31（02）：149-169+244.

[40] 江华，张建民，周莹. 利益契合：转型期中国国家与社会关系的一个分析框架 —— 以行业组织政策参与为案例 [J]. 社会学研究，2011，26（03）：136-152+245.

[41] 姜向群，郑研辉. 城市老年人的养老需求及其社会支持研究 —— 基于辽宁省营口市的抽样调查 [J]. 社会科学战线，2014（05）：186-192.

[42] 蒋国民，巢鸿鹰. 浅谈提高未成年人自我保护的四种能力 [J]. 青少年犯罪问题，

2000（06）：8.

[43] 金海鑫 . 利用电影艺术对肢体残疾青少年进行心理干预 —— 以励志类残疾人题材电影为例 [J]. 艺术教育，2009（11）：144.

[44] 晋军，何江穗 . 碎片化中的底层表达 —— 云南水电开发争论中的民间环保组织 [J]. 学海，2008（04）：39-51.

[45] 敬义嘉，崔杨杨 . 代理还是管家：非营利组织与基层政府的合作关系 [J]. 中国第三部门研究，2015，9（01）：14-31.

[46] 康晓光，韩恒 . 分类控制：当前中国大陆国家与社会关系研究 [J]. 开放时代，2008（02）：30-41.

[47] 李春国，赵春善 . 空巢老人抑郁产生原因的质性研究 [J]. 中国民康医学，2014，26（06）：73-75.

[48] 李国武，李璐 . 社会需求、资源供给、制度变迁与民间组织发展基于中国省级经验的实证研究 [J]. 社会，2011，31（06）：74-102.

[49] 李晶晶 . 班杜拉社会学习理论述评 [J]. 沙洋师范高等专科学校学报，2009，10（03）：22-25.

[50] 李曼 . 日本家庭教育法律规制：路径、特点与启示 [J]. 全球教育展望，2021，50（07）：91-101.

[51] 李妮 . "新经纪机制"：地方治理新策略及其逻辑分析 —— 基于广东省 G 市 S 区的社会创新实践 [J]. 公共管理学报，2016，13（04）：30-41+152-153.

[52] 李松柏 . 老年人的需求及其社会支持分析 [J]. 人口与经济，2002（S1）：124-125.

[53] 李小珍 . 人口老龄化背景下我国农村养老问题的思考 [J]. 大众科技，2006（04）：183-184.

[54] 李友梅 . 关于城市基层社会治理的新探索 [J]. 清华社会学评论，2017（01）：190-195.

[55] 李友梅 . 中国社会治理的新内涵与新作为 [J]. 社会学研究，2017，32（06）：27-34+242.

[56] 梁君林 . 基于社会支持理论的社会保障再认识 [J]. 苏州大学学报（哲学社会

科学版），2013，34（01）：42-48.

[57] 梁鹏，王兆同.美国保护未成年人免受网络色情作品危害的立法与借鉴 [J].中国青年研究，2006（10）：78-81.

[58] 廖蔚.当前我国水库移民的文化冲突与保护研究 [J].农村经济，2005（02）：86-88.

[59] 林顺利，孟亚男.国内弱势群体社会支持研究述评 [J].甘肃社会科学，2010（01）：132-135+156.

[60] 刘安.市民社会？法团主义？——海外中国学关于改革后中国国家与社会关系研究述评 [J].文史哲，2009（05）：162-168.

[61] 刘慧.少数民族公共意识培育刍论 [J].贵州民族研究，2015，36（09）：12-15.

[62] 刘吉昌.构建易地扶贫搬迁少数民族群众社会融入的新路径 [N].贵州民族报，2020-1-9（3）.

[63] 刘利民.学校教育与家庭教育的边界 [J].中国教育学刊，2017（07）：43-47.

[64] 刘梦琦.社会工作介入残疾人社会融入研究 [D].西北大学，2021（04）.

[65] 刘升.城镇集中安置型易地扶贫搬迁社区的社会稳定风险分析 [J].华中农业大学学报（社会科学版），2020（6）：94-100+165.

[66] 刘威."一个中心"与"三种主义"——中国社会工作本土化的再出发 [J].中州学刊，2011，（03）：120-124.

[67] 刘晓静.我国空巢家庭养老问题研究——基于社会生态系统理论 [J].人民论坛，2013（14）：154-155.

[68] 刘幼华，郭红，刘建源，弓少华，易晓平.我国失能老年人家庭照顾者的社会生态系统研究进展 [J].护理研究，2020，34（10）：1764-1767.

[69] 刘振."本土化"抑或"土生化"中国社会工作发展百年回眸 [J].社会与公益，2018（06）：88-89.

[70] 刘志辉.政府与社会组织对称性互惠共生关系构建——基于国家治理能力现代化视角的分析 [J].天津行政学院学报，2017，19（03）：16-23.

[71] 刘祖云. 政府与非政府组织关系：博弈、冲突及其治理 [J]. 江海学刊，2008（01）：94-99.

[72] 卢茜."优势视角"下的丧偶老人养老服务路径选择 [J]. 南京工程学院学报（社会科学版），2015，15（03）：15-18.

[73] 卢艳，张永理. 社会支持网络视角下的农村互助养老研究 [J]. 宁夏党校学报，2015，17（03）：69-72.

[74] 罗银新，胡燕，滕星. 从鸿沟到共生：易地扶贫搬迁人员文化适应的特征及教育策略 [J]. 当代教育与文化，2020，12（05）：38-44.

[75] 吕红平. 农村家庭养老的家庭文化构建研究 [J]. 福建行政学院学报，2019（02）：95-101.

[76] 吕晓璐. 丧偶独居老人生活失序的个案介入 [D]. 南京航空航天大学，2019.

[77] 马凤芝，陈海萍. 基于时空视角的健康老龄化与社会工作服务 [J]. 社会建设，2020，7（01）：3-15.

[78] 马俊丽，何爱霞. 可行能力视角下继续教育阻断农村残疾人贫困代际传递的作用机理与推进方略 [J]. 中国职业技术教育，2021（9）：31-38.

[79] 宓淑芳，曹华. 残疾人心理问题研究 [J]. 北华大学学报（社会科学版），2009，10（06）：116-118.

[80] 穆光宗，淦宇杰. 给岁月以生命：自我养老之精神和智慧 [J]. 华中科技大学学报（社会科学版），2019（04）：30-36.

[81] 穆光宗. 家庭养老面临的挑战以及社会对策问题 [J]. 中州学刊，1999（1）：65-68.

[82] 庞文，于婷婷. 论残疾人的教育增权 [J]. 中国特殊教育，2011（07）：8-12+43.

[83] 庞文，张蜀缘. 中国残疾人社会保障制度的演进：1978—2017[J]. 残疾人研究，2018（2）：3-13.

[84] 彭勃. 中国民间组织管理模式转型——法团主义的视角 [J]. 武汉大学学报（哲学社会科学版），2009，62（03）：365-372.

[85] 彭华民，杜文斌. 服务学习的创新扩散与行动改善：以韩国大学为例 [J]. 社会建设，2021，8（04）：3-11.

[86] 彭思扬 . 丧偶老人生活适应的个案工作介入 [D]. 长春工业大学，2022.

[87] 彭希哲 . 老龄化背景下的人口年龄结构 [J]. 上海交通大学学报（哲学社会科学版），2023，31（02）：14-24.

[88] 彭秀良，王雷东 . 吴榆珍与《社会个案工作方法概要》[J]. 中国社会工作，2022（25）：47-48.

[89] 丘海雄，陈健民，任焰 . 社会支持结构的转变：从一元到多元 [J]. 社会学研究，1998（04）：33-39.

[90] 邱观建，安治民 . 我国残疾人社会支持网络的运作逻辑与建构 [J]. 武汉理工大学学报（社会科学版），2014，27（04）：615-620.

[91] 曲国丽，杨怀印 . 扩大慈善资源有效供给的对策思考 [J]. 经济纵横，2013（08）：35-39.

[92] 全文琦 . 城市丧偶独居老年女性孤独情绪调适的小组工作研究 [D]. 北京工业大学，2018.

[93] 任淑华 . 运用叙事疗法缓解丧偶老人负性情绪问题研究 [D]. 华中科技大学，2021.

[94] 沈原，孙五三 . 从"人民团体"到"社会团体"（论文节选）[J]. 中国青年科技杂志，1999（03）：17-18.

[95] 史亚峰，张嘉凌 . 后搬迁时代易地扶贫搬迁新村的治理困境与优化路径研究 [J]. 山西农经，2021（22）：98-100.

[96] 苏晖阳 . 残疾人发展权保障的理论体系与制度实践 [J]. 人口与发展，2022，28（1）：90-102.

[97] 孙炳耀 . 中国社会团体官民二重性问题 [J]. 中国社会科学季刊，1994（06）：17-23.

[98] 孙立平 . 实践社会学与市场转型过程分析 [J]. 中国社会科学，2002（05）：83-96.

[99] 唐卫海，杨孟萍 . 简评班杜拉的社会学习理论 [J]. 天津师大学报（社会科学版），1996（05）：30-35.

[100] 唐文玉 . 行政吸纳服务 —— 中国大陆国家与社会关系的一种新诠释 [J]. 公

共管理学报，2010，7（01）：13-19+123-124.

[101] 田凯. 组织外形化：非协调约束下的组织运作 —— 一个研究中国慈善组织与政府关系的理论框架 [J]. 社会学研究，2004（04）：64-75.

[102] 田萍. 社会生态维度下弱势群体社会支持网络系统建构 [J]. 求索，2013（10）：238-240.

[103] 童辉杰，杨雪龙. 关于严重突发事件危机干预的研究评述 [J]. 心理科学进展，2003，（04）：382-386.

[104] 汪圣. 政府购买服务与社会组织发展的"诺斯悖论"问题探析 [J]. 长白学刊，2018（01）：60-66.

[105] 王栋. 整体化分散治理：基于我国政社权力关系演变的轨迹 [J]. 社会科学论坛，2016（08）：202-214.

[106] 王建萍. 浅谈对社会科学研究方法的认识 —— 以参与观察法为例 [J]. 商，2015（15）：134.

[107] 王亮. 情感劳动研究的文化转向 [J]. 浙江学刊，2022（4）：116-124.

[108] 王蒙. 公共性生产：社会治理视域下易地扶贫搬迁的后续发展机制 [J]. 中国农业大学学报（社会科学版），2020，37（3）：77-87.

[109] 王诗宗，宋程成. 独立抑或自主：中国社会组织特征问题重思 [J]. 中国社会科学，2013（05）：50-66+205.

[110] 王士鹍，王世恒. 人口老龄化背景下我国农村养老问题对策研究 [J]. 大庆师范学院学报，2022，42（01）：9-16.

[111] 王思斌. 试论我国社会工作的本土化 [J]. 浙江学刊，2001，（02）：55-60.

[112] 王思斌. 中国式现代化新进程与社会工作的新本土化 [J]. 社会科学文摘，2023，No.88（04）：96-98.

[113] 王秀华. 对幼儿安全意识和自我保护能力的培养策略研究 [D]. 内蒙古师范大学，2011.

[114] 王玉政. 中小学安全教育现状与问题研究 [D]. 南京师范大学，2011.

[115] 卫小将. 国际社会工作发展路径的回顾与前瞻 [J]. 学术论坛，2014，37（12）.

[116] 卫小将. 排异与契合：社会工作的本土局限性分析 [J]. 学习与实践，2014，

（08）：87-94.

[117] 卫小将.全球社会工作发展路径与走向 [J].甘肃社会科学，2015，（01）.

[118] 卫小将.社会工作本土化研究之阐述 [J].学习与实践，2012，（05）：86-91.

[119] 卫小将.土生化：中国社会工作发展路径之构想 [J].中南民族大学学报（人文社会科学版），2014，34（06）：108-111.

[120] 文军，何威.从"反理论"到理论自觉：重构社会工作理论与实践的关系 [J].社会科学，2014（7）：65-78.

[121] 吴建平.理解法团主义 —— 兼论其在中国国家与社会关系研究中的适用性 [J].社会学研究，2012，27（01）：174-198+245-246.

[122] 吴月.非协同治理：社会组织发展中的政府行为及其逻辑 [J].理论月刊，2018（10）：138-144.

[123] 吴越菲.社会工作"去专业化"：专业化进程中的理论张力与实践反叛 [J].河北学刊，2018（4）：168-174.

[124] 夏勇，胡鸿毅，闫晓天等.中医学专业学生社区实践课程服务性学习模式的方案研究 [J].中医教育，2010，29（05）：10-12+17.

[125] 向楠.城市高龄丧偶老人日常照料安排及其效果研究 —— 基于 CLHLS 数据的实证分析 [J].荆楚学刊，2018，19（03）：89-96.

[126] 谢金林.城市基层权力变迁与社区治理的发展 —— 基于国家 - 社会关系的视角 [J].云南社会科学，2011（04）：20-24.

[127] 谢琴.新城镇化进程中"农民"向"市民"转化的有效途径：社区教育 —— 南昌市农民工社区教育的调研与思考 [J].中国成人教育，2016（20）：154-157.

[128] 谢治菊.易地扶贫搬迁社区治理困境与对策建议 [J].人民论坛·学术前沿，2021（15）：112-127.

[129] 行红芳.老年人的社会支持系统与需求满足 [J].中州学刊，2006（03）：120-123.

[130] 徐琦."社会网"理论述评 [J].社会，2000（08）：20-22.

[131] 徐宇珊.非对称性依赖：中国基金会与政府关系研究 [J].公共管理学报，

2008（01）：33-40+121.

[132] 燕子灵. 社会支持视角下农村多子女家庭养老问题研究 [D]. 山西师范大学，2020.

[133] 杨慧，王茹薪."服务学习"理念及其在民族社会工作专业教育中的应用 [J]. 民族教育研究，2018，29（05）：90-96.

[134] 杨君. 政府吸纳社会：城市基层治理社会化的新视角 [J]. 城市发展研究，2017，24（05）：118-124.

[135] 杨威. 访谈法解析 [J]. 齐齐哈尔大学学报（哲学社会科学版），2001，（04）：114-117.

[136] 姚进忠，蒋尚源. 服务学习：社会工作专业阶梯式培育模式的行动研究 [J]. 社会建设，2021，8（04）：12-23.

[137] 姚进忠，李建川. 需要导向：残疾人社会福利供给困境与整体性治理研究 [J]. 华东理工大学学报（社会科学版），2018，33（5）：65-74+96.

[138] 姚进忠. 阐释与激活：社会工作理论的实践逻辑演进与本土化探究 [J]. 华东理工大学学报（社会科学版），2014，29（05）：9-19.

[139] 姚林燕，朱红芳，冯锐.1例乳腺癌化疗后截肢患者的危机干预 [J]. 中华护理杂志，2016，51（01）：113-116.

[140] 姚远. 中国家庭养老研究述评 [J]. 人口与经济，2001（01）：33-43+11.

[141] 易丹. 重庆市义务教育阶段校园安全教育研究 [D]. 西南大学，2009.

[142] 殷妙仲. 专业、科学、本土化：中国社会工作十年的三个迷思 [J]. 社会科学，2011，（01）：63-71.

[143] 殷悦. 社会工作介入听力障碍儿童社会融入研究 —— 以 S 市残疾人康复中心为例 [J]. 就业与保障，2020，No.247（05）：186-188.

[144] 由晓天."农转居"社区儿童自我保护能力提升的小组工作介入实践报告 [D]. 长春：长春工业大学，2017.

[145] 于存海. 论西部生态贫困、生态移民与社区整合 [J]. 内蒙古社会科学（汉文版），2004（1）：128-133.

[146] 于晓虹，李姿姿. 当代中国社团官民二重性的制度分析 —— 以北京市海淀

区个私协会为个案 [J]. 开放时代，2001（09）：90-96.

[147] 余玉善，马利，雷骏，李金芳，麻超. 老年人社区支持与认知功能的关系 —— 中国老年健康影响因素跟踪调查项目的数据分析 [J]. 中国心理卫生杂志，2018，32（06）：490-494.

[148] 俞可平. 全球治理引论 [J]. 马克思主义与现实，2002（01）：20-32.

[149] 俞丽娜. 个案社会工作在残疾人心理干预中的运用 [J]. 法制与社会，2009（04）：219.

[150] 郁建兴，吴宇. 中国民间组织的兴起与国家—社会关系理论的转型 [J]. 人文杂志，2003（04）：142-148.

[151] 袁嘉颖，谢东燚. 乡村振兴战略背景下农村丧偶老人养老问题研究 [J]. 法制与社会，2020（03）：182-184.

[152] 曾家达，殷妙仲，郭红星. 社会工作在中国急剧转变时期的定位 —— 以科学方法处理社会问题 [J]. 社会学研究，2001，（02）：63-67.

[153] 曾楠. 文化情境变迁中政治认同的生成考察 [J]. 北京理工大学学报（社会科学版），2017，19（5）：156-161.

[154] 张晨，马彪，仇焕广. 信息通信技术使用可以促进易地扶贫搬迁户的社会融入吗？ [J]. 中国农村经济，2022（02）：56-75.

[155] 张承蒙，周林刚，牛原. 内涵式增权与外生性赋能：社会资本视角下的残疾人社会支持网络构建 [J]. 残疾人研究，2020（1）：72-80.

[156] 张海清，杨明宏. 少数民族文化震惊与适应 —— 边疆民族地区新教师入职过程中的文化适应问题分析 [J]. 贵州民族研究，2010，31（5）：136-140.

[157] 张洪运. 社会工作提升城中村社区残疾人就业能力的实务研究 [D]. 贵州大学，2022（02）.

[158] 张紧跟. 参与式治理：地方政府治理体系创新的趋向 [J]. 中国人民大学学报，2014，28（06）：113-123.

[159] 张梦媚. 浅析民办高校辅导员做好残疾学生心理健康教育工作的思考 —— 残疾大学生心理危机干预工作案例探析 [J] 科学咨询（科技·管理），2021（01）：165-166.

[160] 张双姣，杭荣华.农村丧偶老人抑郁状况的研究进展 [J].科技视界，2015（22）：21-22.

[161] 张弦.传统孝道对当代农村家庭养老问题的影响 [J].新乡学院学报，2009（06）：12-14.

[162] 张献.国外未成年人安全教育及对我国的启示 [J].中国公共安全（学术版），2007（01）：87-90.

[163] 张晓丽，李新征，王壮生，张玉梅.残疾大学生 163 名心理健康状况比较分析 [J].中国学校卫生，2010，31（05）：608-609.

[164] 张翼.社会转型与社会治理格局的创新 [J].中国社会科学评价，2019，No.17（01）：27-29.

[165] 张友琴.社会支持与社会支持网——弱势群体社会支持的工作模式初探 [J].厦门大学学报（哲学社会科学版），2002（3）：94-100+107.

[166] 张正军，刘玮.社会转型期的农村养老：家庭方式需要支持 [J].西北大学学报（哲学社会学版），2012，42（03）：60-67.

[167] 张钟汝，范明林，王拓涵.国家法团主义视域下政府与非政府组织的互动关系研究 [J].社会，2009，29（04）：167-194+228.

[168] 章程，董才生.论残疾人社会支持网络之构建 [J].学术交流，2015（4）：160-164.

[169] 赵丽丽，赵红英，何丽萍.综合医院失眠症患者的负性情绪调查 [J].中国行为医学科学，2005（11）：57.

[170] 赵明思.优势视角：社会工作理论与实践新模式 [J].社会福利（理论版），2013（08）：15-19.

[171] 赵雅恒.社会工作介入丧偶老人生活适应问题研究 [D].南京农业大学，2013.

[172] 赵燕，王平.易地扶贫搬迁儿童融合教育中的心理适应及其影响因素研究 [J].中国特殊教育，2021（11）：24-29.

[173] 郑晶晶.问卷调查法研究综述 [J].理论观察，2014（10）：102-103.

[174] 郑晓明.截肢病人创伤后应激障碍相关因素分析及心理干预的研究 [J].哈

尔滨医药，2010，30（04）：78-80.

[175] 郑燕 . 简述新形势下智慧养老对老龄产业的推动作用 [J]. 就业与保障，2020（24）：181-182.

[176] 中国社会科学院大学与社会科学文献出版社 . 社会组织蓝皮书：中国社会组织报告 [R]. 北京：中国社会科学院大学，2022.

[177] 钟海欣 . 音乐治疗在肢体残疾人心理危机干预中的应用 [D]. 广州大学，2019.

[178] 周嘉颖，罗国芬 . 青少年遭受校园霸凌的程度及其影响因素研究 [J]. 中国社会公共安全研究报告，2017（01）：174-191.

[179] 周琴 . 增能理论视角下支持小组介入机构老人的抑郁情绪问题研究 [D]. 华中科技大学，2021.

[180] 周湘斌，常英 . 社会支持网络理论在社会工作实践中的应用性探讨 [J]. 中国农业大学学报（社会科学版），2005（02）：80-85.

[181] 朱建刚，陈安娜 . 嵌入中的专业社会工作与街区权力关系 —— 对一个政府购买服务项目的个案分析 [J]. 社会学研究，2013，28（01）：43-64+242.

[182] 朱建刚 . 草根 NGO 与中国公民社会的成长 [J]. 开放时代，2004（06）：36-47.

四、外文期刊

[1] Abraham Zelalem, Messay Gebremariam Kotecho, Margaret E.Adamek. *"The Ugly Face of Old Age": Elders' Unmet Expectations for Care and Support in Rural Ethiopia*[J]. The International Journal of Aging and Human Development, March 30, 2020, 92(2): 215-239.

[2] Alean Al Krenawi, John R. Graham. *The Cultural Mediator: Bridging the Gap Between a Non‐Western Community and Professional Social Work Practice*[J]. The British journal of social work, 2001, 31(5): 665-685.

[3] Anoymous. *Fall Protection in Construction*[J]. ISHN, 2017, 51(1).

[4] Atchley. *Social Forces and Aging*[J]. Journal of Gerontology, 1985, 40(5).

[5] Byrne Gerard J., Wang Huali. *Health anxiety in older people*[J]. International Psychogeriatrics, 2022, 34(8).

[6] C. Tilly. *To Explain Political Processes*[J]. American Journal of Sociology, vol.100, no.6, 1995: 1594-610.

[7] Chan U. A. *China, Corporatism, and the East Asian Model*[J]. Australian Journal of Chinese Affairs, 1995(33): 29-53.

[8] Chan, Anita. *Revolution or Corporatism? Workers and Trade Unions in Post-Mao China*[J]. The Australian Journal of Chinese Affairs, 1993, 29.

[9] Cox D. S*ocial work education in the Asia-Pacific Region*[J]. Asia Pacific Journal of Social Work and Development, 1991, 1(1): 6-14.

[10] Cullen F. T. *Social support as an organizing concept for criminology: Presidential address to the academy of criminal justice sciences*[J]. Justice Quarterly, 1994: 527-559.

[11] Dignath C., Büttner G. *Components of fostering self-regulated learning among students. A meta-analysis on intervention studies at primary and secondary school level*[J]. Metacognition and learning, 2008, 3(3): 231-264.

[12] Erika Haug. *Critical Reflections on the Emerging Discourse of International Social Work*[J]. International Social Work, 2005, 48(2): 126-135.

[13] Everly G. S. *Emergency mental health: an overview.*[Z]. International journal of emergency mental health, 2014.

[14] Foster M. D. *Positive and negative responses to personal discrimination: Does coping make a difference?* [J].The Journal of Social Psychology, 2000, 140(1): 93-106.

[15] Gray M., Fook J. *The quest for a universal social work: Some issues and implications*[J]. Social work education, 2004, 23(5): 625-644.

[16] G-Walton Ronald, Medhat M-Abo-El-Nasr. *The Indigenization and Authentization of Social Work in Egypt*[J]. Community Development Journal, 1988, 23(3): 148-155.

[17] Ha Jung-Hwa. *The effects of positive and negative support from children on widowed older adults' psychological adjustment: a longitudinal analysis.*[J]. The

Gerontologist, 2010, 50(4).

[18] Hanrahan M. *The effect of learning environment factors on students' motivation and learning*[J]. International journal of science education, 1998, 20(6): 737-753.

[19] Honey A., Emerson E., Llewellyn G. *The mental health of young people with disabilities:impact of social conditions*[J]. Social psychiatry and psychiatric epidemiology, 2011, 46(1): 1-10.

[20] Ibrahima A. B., Mattaini M. A. *Social work in Africa: Decolonizing methodologies and approaches*[J]. International Social Work, 2019, 62(2): 799-813.

[21] Ife J. *Local and global practice: Relocating social work as a human rights profession in the new global order*[J]. European Journal of Social Work, 2001, 4(1): 5-15.

[22] J. Midgley. *Issues in International Social Work: Resolving Critical Debates in the Profession.*[J]. Journal of Social Work, 2001, 1(1): 21-35.

[23] Jayashree Nimmagadda, Charles D. Cowger. *Cross-cultural practice: Social worker ingenuity in the indigenization of practice knowledge*[J]. International Social Work, 1999, 42(3): 261-276.

[24] Julie S. Son, Galit Nimrod, Stephanie T. West, Megan C. Janke, Toni Liechty, Jill J. Naar. *Promoting Older Adults'Physical Activity and Social Well-Being during COVID-19*[J]. Leisure Sciences, 2020.

[25] Kam-Shing Yip. *Indigenization of social work An international perspective and conceptualization*[J]. Asia Pacific Journal of Social Work and Development, 2006, 16(1): 43-55.

[26] Kariuki M., Honey A., Emerson E., et al. *Mental health trajectories of young people afterdisability onset*[J]. Disability and health journal, 2011, 4(2): 91-101.

[27] Kee L. H. *The search from within: Research issues in relation to developing culturally appropriate social work practice*[J]. International Social Work, 2004, 47(3): 336-345.

[28] Lena Dominelli. *Globalization, contemporary challenges and social work practice*[J]. International Social Work, 2010, 53(5): 599-612.

[29] Lin N., Dumin M. Y., Woelfel M. *Measuring community and network support*[J]. Social support, life events, and depression, Academic Press, 1986: 153-170.

[30] Lyons K. *Globalization and social work: International and local implications*[J]. British Journal of Social Work, 2006, 36(3): 365-380.

[31] Mbazima-Simeon Mathebane. *Quizzing the 'Social' in Social Work: Social Work in Africa as a System of Colonial Social Control*[J]. Journal of Progressive Human Services, 2020, 31(2): 77-92.

[32] Megan C. Janke. *Leisure activity and depressive smptoms of windowed and married woman inlater life*[J]. Journal of Leisure Research. 2005, 40(2): 250-266.

[33] Mel Gray, Fook Jan. *The quest for a universal social work: some issues and implications.*[J]. Social Work Education, 2004, 23(5): 625-644.

[34] Mel Gray. *Dilemmas of international social work: paradoxical processes in indigenisation, universalism and imperialism*[J]. International journal of social welfare, 2005, 14(3): 231-238.

[35] Mel Gray. *Postcards from the West: Mapping the Vicissitudes of Western Social Work*[J]. Australian Social Work, 2008, 61(1): 1-6.

[36] Mick Farrant. *Professional Imperialism: Social Work in the Third World James Midgley.*[J]. The British Journal of Social Work, 1982, 12(2): 220-221.

[37] Miu-Chung Yan. *Towards a pragmatic approach: a critical examination of two assumptions of indigenization discourse.*[J]. China Journal of Social Work, 2013, 6(1): 14-24.

[38] Norm O'Rorke. *Psychological resilience and the well-being of widowed women*[J]. Ageing Intenational. 2004(7): 267-280.

[39] Osei-Hwedie K. *The challenge of social work in Africa: Starting the indigenisation process*[J]. Journal of Social Development in Africa, 1993, 8(1): 19-30.

[40] Osei-Hwedie K. *The Indigenization of Social Work Education and Practice in South Africa: The Dilemma of Theory and Method*[J]. Social Work Maatskaplike Werk, 1996, 32(3), 215-25.

[41] Parkes C. Murray. *Effects of Bereavement on Physical and Mental Health: A Study of the Medical Records of Widows*[J]. The British Medical Journal, 1964, 2(5404): 274-279.

[42] Ragab I. A. *The Islamic perspective on social work: A conceptual framework*[J]. International Social Work, 2016, 59(3): 325-342.

[43] Ryan Alan S., et al. *Dietary patterns of older adults in the United States, NHANES II 1976-1980*[J]. American journal of human biology, 1989, 1(3): 321-330.

[44] Shawky A. *Social Work Education in Africa*[J]. International Social Work, 1972, 15(3), 3-16.

[45] Smith Ronald, Wuthrich Viviana, Johnco Carly, Belcher Jessica. *Effect of Group Cognitive Behavioural Therapy on Loneliness in a Community Sample of Older Adults: A Secondary Analysis of a Randomized Controlled Trial.*[J]. Clinical gerontologist, 2020, 44(4).

[46] United Nations. *"Training for Social Welfare"*[EB/OL].The Fifth International Survey, New York, 1971. https://files.eric.ed.gov/fulltext/ED067316. pdf.

[47] Vincent Mabvurira. *Making sense of African thought in social work practice in Zimbabwe: Towards professional decolonisation*[J]. International Social Work, 2020, 63(4): 419-430.

[48] Wulandari M. D., Hanurawan F., Chusniyah T., et al. *Integration of a Sexual Abuse Prevention Programme in the First‐Grade Indonesian Curriculum to Improve Children's Self‐Protection*[J]. Child Abuse Review, 2022, 31(2).

后　记

广西科技大学从 2001 年获批社会工作本科专业，2002 年开始第一届社会工作本科招生，再到 2018 年获批社会工作硕士学位点，2019 年开始第一届 MSW 招生，其高校社会工作专业在地化教育和实践已有 22 年。广西科技大学社会工作专业立足本地经济社会发展，培养地方社会工作专业人才，充实地区公共服务和社会管理部门，开展专业社会服务。社会工作专业依托学校"校市共建、校企相融"办学特色，深入推进"面向基层、校地共建"专业办学方向，联合柳州市团委、柳州市民政局、中共柳州市城中区委组织部等建立"青少年事务社工人才培养基地""大学生社会工作实践基地"，鼓励老师领办社会工作服务机构，积极参与青少年、社会组织、基层社区等领域社会治理，进行社会工作在地化实践探索。本书就是专业发展和人才培养探索的具体呈现。

经过多年耕耘，社会治理视域下高校社会工作在地化实践探索取得显著成效。首先，树立了"以德树人"和"利他主义"新理念。高校社会工作在地化"以人为本"理念，以"助人自助"为内核，强化家国情怀、奉献地方社会和服务基层。其次，以面向基层为导向，优化了专业结构和地方性知识。布局专业结构，凸显标准化、专业化、职业化和在地化；基于地方社会基层治理需求，强化社会工作价值、地方人文、职业素养。再次，以多元协同为中心，打造了在地化实践育人培养模式。依托"校市共建"顶层设计，谋划实践育人全景图，增强学校、地方政府、社会组织和社会工作行业之间的协同，促进社会工作在地化的"校—地—社—行"的多方融合。期望广西科技大学社会工作专业在"校市共建、校企相融"办学特色的基础上继续发展壮大，建设"共建共治共享"高校社会工作在地化实践模式。

本书系 2019 年教育部高校思想政治工作精品项目"青学社工：'校地＋专业'协同实践育人体系建设"、2022 年度国家社科基金项目"西南民族地区乡镇社会工作服务站的在地化发展模式研究"、2022 年度广西高等教育本科教学改革工程项目"基于 OBE 理念构建社会工作专业学生实务能力培养模式研究与实践"和 2023 年度广西高等教育本科教学改革工程项目"立足基层 校地共建：服务学习理念下《社区工作》课程教学探索与实践"等课题的研究成果。

本书为集体研究与实践成果。崔娟、张发钦等多次集体研讨选题、框架并审读书稿。崔娟作为社会工作专业博士，长期负责社会工作专业本科生和硕士研究生培养，以及社会工作专业社会实践育人项目实施，具体推动"全国高校思想政治工作精品项目"和"青学社工"样板党支部的创建培育，承担书稿的框架搭建、撰写和统筹。张发钦就本书的选题、研究思路、研究框架做了具体指导，参与了书稿的修改，承担审读与统稿的工作。此外，在本书撰写过程中，中国人民大学社会与人口学院社会工作专业博士研究生刘庆帅围绕社会工作"本土化"及其"在地化"问题进行了深度的理论讨论。在具体分工上：中国人民大学劳动人事学院劳动关系专业博士研究生袁可主笔第二章。广西科技大学社会工作专业的劳海英参与了第三章，李柏江、李珍妮参与了第四章，李港参与了第五章，黄杰华参与了第六章，雷智英参与了第七章的撰写。

崔娟　张发钦

2023年6月